¡VIVE TU SUEÑO!

JOHN C. MAXWELL

GRUPO NELSON
Una división de Thomas Nelson Publishers
Desde 1798

NASHVILLE   DALLAS   MÉXICO DF.   RÍO DE JANEIRO   BEIJING

Traducción: *Enrique Chi*
Adaptación del diseño al español: *www.Blomerus.org*

Diseño de la portada: *www.brandnavigation.com*
Imagen de la portada: *División de Arte y Fotografía de la Librería del
Congreso, Washington, D. C. 20540 Estados Unidos*

ISBN: 978-1-60255-182-4

Edición revisada por Lidere

www.lidere.org

Impreso en Estados Unidos de América

13 14 QG 15 14 13 12 11

DEDICATORIA

Este libro está dedicado a Margaret Maxwell, la chica de mis sueños. El 14 de junio de 1969 contrajimos matrimonio. Desde ese día, hemos estado viviendo el sueño juntos. No puedo imaginar mi vida sin ella. Margaret, ¡feliz 60/40!

RECONOCIMIENTOS

Gracias a
Charlie Wetzel, mi redactor
Stephanie Wetzel, que evalúa y edita el manuscrito
Sue Caldwell, que mecanografía el primer borrador
Linda Eggers, mi asistente

CONTENIDO

Contenido

INTRODUCCIÓN

¿Cuál es tu sueño?

¿Lograrás tus sueños en tu vida? No dudo que aspiras a que así sea; estoy seguro de que *esperas* que así sea. ¿Pero lo lograrás en realidad? ¿Qué probabilidades te das a ti mismo? ¿Una en cinco? ¿Una en cien? ¿Una en un millón? ¿Cómo puedes saber si tus probabilidades son buenas o si tu sueño nunca dejará de ser precisamente eso: un sueño? ¿Cuál es tu sueño? ¿Estás dispuesto a ponerlo a prueba?

La mayoría de las personas que conozco tienen un sueño. De hecho, le he preguntado a cientos, por no decir miles, de personas en cuanto a sus sueños. Algunos los describen voluntariamente con mucho detalle y entusiasmo. Otros son renuentes a hablar de ello. Pareciera que les abochorna decirlo en voz alta. Estas personas nunca han puesto a prueba su sueño. No saben si otros se burlarán de ellos. No están seguros si están apuntando muy alto o muy bajo. No saben si se trata de algo que realmente pueden lograr o si están destinados a fracasar.

La mayoría de las personas no tienen idea de cómo lograr sus sueños. Lo que poseen es una noción vaga de algo que les gustaría hacer algún día, o alguien en quien desearían transformarse. Sin embargo, no saben cómo llegar de aquí a allá. Si eso te describe, entonces te alegrará saber que realmente hay esperanza, y creo que este libro te ayudará.

CONOCE LAS RESPUESTAS ANTES DE SOMETERTE A LA PRUEBA

Cuando eras niño en la escuela, ¿recuerdas que alguna vez el maestro hiciera un repaso antes de un examen y dijera algo como: «Presten atención a esto porque vendrá en el examen»? Yo sí. Los maestros alentadores que quieren ver a sus estudiantes sobresalir dicen cosas así todo el tiempo. Querían que estuviéramos preparados para salir bien. Nos sometieron a prueba, pero nos prepararon para el éxito.

Mi deseo es ser para ti como uno de esos maestros alentadores. Quiero prepararte para que pongas tu sueño a prueba, para que realmente puedas lograrlo. ¿Cómo? Creo que si conoces las preguntas que debes hacerte, y puedes responder a ellas afirmativamente, tendrás una probabilidad excelente de lograr tus sueños. Cuanto mayor sea la cantidad de preguntas que puedas responder de modo positivo, ¡tanto mayor serán las probabilidades de éxito! Por esa razón escribí este libro.

LA IMAGEN CORRECTA Y LA INCORRECTA DE UN SUEÑO

He estudiado a personas de éxito por casi cuarenta años. He conocido a cientos de ellas con un perfil sobresaliente que han logrado sueños grandes, y yo he logrado los míos. Lo que he descubierto es que muchos individuos sostienen conceptos equivocados en cuanto a los sueños. Considera algunas de las muchas cosas que las personas persiguen y que describen como los sueños de sus vidas:

- **Sueños despiertos** — Distracciones del trabajo actual
- **Sueños de opio** — Ideas alocadas sin estrategia ni fundamento alguno en la realidad
- **Malos sueños** — Afanes que generan temor y parálisis
- **Sueños idealistas** — Cómo sería el mundo si estuviera a tu cargo
- **Sueños vicarios** — Sueños vividos a través de otros
- **Sueños románticos** — La creencia de que alguna persona te hará feliz
- **Sueños de carrera** — La creencia de que el éxito profesional te hará feliz
- **Sueños de destino** — La creencia de que una posición, título o premio te hará feliz
- **Sueños materiales** — La creencia de que las riquezas o posesiones te harán feliz
- **Sueños de temporada** — Un objetivo a corto plazo que tratas de lograr

Si estos no son buenos sueños, es decir, los que valen la pena invertir la vida en ellos, entonces, ¿cuáles sí lo son? Esta es mi definición de un sueño que puede ser puesto a prueba y pasarla: *un sueño es un cuadro inspirador del futuro que infunde energía a tu mente, voluntad y emociones, facultándote para hacer todo lo que puedas para lograrlo.* Un sueño genuino es un cuadro y un esquema del propósito y potencial de un individuo. O, como lo diría mi amiga Sharon

Hull: «Un sueño es una semilla de posibilidad plantada en el alma de un ser humano que lo llama a seguir un camino único hacia el cumplimiento del propósito de su vida».

¿QUÉ TIENES EN MENTE?

Los sueños son bienes valiosos. Nos impulsan hacia delante. Nos dan energía. Nos brindan entusiasmo. Todos debieran tener un sueño. Pero, ¿qué pasa si no estás seguro de tener uno que te gustaría seguir? Reconozcámoslo. A muchos no se les alentó a que soñaran. Otros tienen sueños, mas han perdido las esperanzas y los han colocado a un lado.

Quiero que sepas que hay buenas noticias, puedes hallar o recapturar tus sueños. Y pueden ser grandes, lo cual no significa que los únicos que valgan la pena seguirse sean aquellos que son enormes. Sólo tienen que ser más grandes que tú. La actriz Josie Bisset afirmó: «Los sueños vienen en tallas grandes para que podamos crecer en ellos».

> *«Los sueños vienen en tallas grandes para*
> *que podamos crecer en ellos».*
> — JOSIE BISSET

Si has perdido las esperanzas, has perdido de vista tu sueño, o nunca te conectaste con algo que piensas que vale la pena soñar y trabajar por lograr, tal vez te ayudaría conocer las cinco razones más comunes por las cuales las personas tienen problemas para identificar su sueño:

1. Algunos han sido desalentados de soñar por otros individuos

¡A muchas personas les han arrancado el sueño de las manos! El mundo está lleno de derribadores de sueños y de asesinos de ideas. Algunos que no persiguen ningún sueño propio se molestan al ver a otros persiguiendo los suyos. El éxito de los demás les hace sentirse incapaces o inseguros.

Los profesores de negocios Gary Hamel y C. K. Prahalad escribieron acerca de un experimento llevado a cabo con un grupo de monos. Cuatro monos fueron colocados en una sala que tenía un poste elevado en medio. Suspendido de la cima del poste había un montón de plátanos. Uno de los monos hambrientos empezó a trepar el poste para buscar algo de comer, pero cuando estiraba la mano para tomar un plátano, fue bañado por un chorro de agua fría. Chillando, bajó a toda velocidad por el poste y abandonó el intento de alimentarse. Cada uno de los monos hizo un intento similar, y cada uno fue bañado con agua fría. Luego de varios intentos, se dieron por vencidos.

Los investigadores entonces sacaron a uno de los monos de la sala y lo reemplazaron por un mono nuevo. Cuando este nuevo miembro del grupo empezó a trepar el poste, los otros tres le sujetaron y le dieron de tirones para bajarlo al suelo. Luego de intentar trepar el poste varias veces y de ser arrastrado por los demás, finalmente se dio por vencido y no volvió a intentar trepar el poste.

Los investigadores reemplazaron a los monos originales uno por uno con monos nuevos, y cada vez que llegaba un mono nuevo, sería arrastrado por los demás antes de que pudiera alcanzar los plátanos. Luego de cierto tiempo, en la habitación sólo quedaban monos que no habían recibido el chorro de agua fría, pero ninguno de ellos intentó trepar el poste. Se impedían unos a otros treparlo, aunque ninguno de ellos sabía por qué lo hacían.[1]

Tal vez hay otros que te han arrastrado en la vida. Te han desalentado de soñar. Tal vez sentían resentimiento porque deseabas superarte o hacer algo significativo con tu vida, o tal vez buscaban protegerte del dolor o del desencanto. De igual modo, te han desalentado de soñar. No desmayes. Nunca es demasiado tarde para empezar a soñar y perseguir tus sueños.

2. ALGUNAS PERSONAS SON ESTORBADAS POR LAS DESILUSIONES Y LOS DOLORES DEL PASADO

La desilusión es la separación que existe entre las expectativas y la realidad. Todos hemos encontrado esa separación. Hemos sufrido experiencias inesperadamente malas. Hemos tenido que vivir con nuestros deseos no cumplidos y hemos visto nuestras esperanzas derribarse. Las desilusiones pueden sernos sumamente dañinas. El novelista Mark Twain observó: «Debemos procurar sacarle a toda experiencia sólo la sabiduría que contiene, y detenernos allí, no sea que seamos como el gato que se sienta sobre la tapa de una estufa caliente. Nunca más volverá a sentarse sobre la tapa de una estufa caliente, y eso está bien, pero tampoco se sentará sobre una fría».

> *La desilusión es la separación que existe*
> *entre las expectativas y la realidad.*

¿No has descubierto que eso es cierto? Cuando algo sale mal, decimos: «¡Nunca más volveré a hacer eso!» ¡Qué error, especialmente cuando se trata de nuestros sueños! El fracaso es el precio que hay que pagar para lograr el éxito. Algunos tendrán que enfrentar el fracaso en repetidas ocasiones antes de avanzar en la búsqueda de sus sueños. La primera ministra de Gran Bretaña, Margaret Thatcher, afirmó: «Podría ser necesario pelear una batalla más de una vez para poder ganarla». Necesitamos recordar eso y asegurarnos de que no abandonemos la lucha prematuramente.

3. Algunas personas se acostumbran a conformarse con el promedio

La columnista Maureen Dowd dice: «El instante en el cual te conformas con recibir menos de lo que mereces, recibes menos aun de aquello con lo que te habías conformado». Los sueños exigen a una persona a extralimitarse, a ir más allá del promedio. No puedes buscar un sueño y permanecer en la seguridad de lo mediocre al mismo tiempo. Esas dos cosas son incompatibles.

Cuando estamos muy faltos de inspiración para soñar, cuando nos conformamos con el promedio, podemos sentirnos tentados a culpar de ello a los demás, a nuestras circunstancias, o al sistema que nos rodea. La verdad es que la mediocridad siempre es una decisión personal. D. Bruce Lockerbie, director y presidente de la junta ejecutiva de PAIDEIA, Inc., y antiguo erudito residente de la Fundación Thomas F. Stanley en la Stony Brook School de Nueva York, escribe:

La mediocridad en su raíz no es un problema nacional, corporativo o institucional; ni es un problema departamental; la mediocridad es un problema personal. La educación en Estados Unidos no es un monolito; está compuesta de millones de estudiantes que aprenden de millones de maestros, auxiliados por millones de asistentes, equipados por millones de fabricantes, editores y proveedores, ¡todo pagado con miles de millones de dólares! Cada una de estas facetas de la educación en Estados Unidos está poblada de individuos. Por lo tanto, *la educación en Estados Unidos* no es mediocre, sino que aquellos de nosotros que tomamos decisiones y aportamos fondos para la educación posiblemente hemos sido negligentes en nuestro compromiso con nuestras obligaciones. Las *escuelas* no son mediocres, pero algunos de los que son administradores o maestros, y estudiantes también, han sido poco entusiastas en cuanto a su dirección, enseñanza y aprendizaje. Verás, la *mediocridad* es primeramente un rasgo personal, una concesión personal de aceptar menos que lo mejor, una resignación letárgica de un individuo que dice: «Supongo que lo que apenas está bien, está bien». Pronto la mediocridad crea metástasis en todo el cuerpo, poniendo a toda la nación en riesgo, pero siempre recuerda que la mediocridad empieza ¡*conmigo*!

Las personas que no poseen sueños apremiantes corren el peligro de ver que sus vidas se les escapen de las manos. Sus días pueden tornarse mundanos, y luego ellos se tornan como sus días. El autor Kenneth Hildebrand expresa el efecto negativo de semejante existencia. Explica:

El hombre más paupérrimo no es el que no tiene ni un céntimo a su nombre. Es el que carece de un sueño... [Es como] una gran nave construida para el poderoso mar pero que intenta navegar en un charco. Carece de un puerto lejano que alcanzar, de un horizonte que se perfile, de un cargamento preciado que llevar. Sus horas son absorbidas por tiranías rutinarias e insignificantes. En nada sorprende que el tal se torne insatisfecho, contencioso y esté «harto». Una de las tragedias más grandes de la vida es la persona con una capacidad de diez por doce, pero con un alma de dos por cuatro.

Si sientes que tu vida está más cerca del promedio de lo que te gustaría, necesitas soñar más. Nada ayuda a sacar a alguien del fastidio como un sueño que valga la pena.

4. Algunos carecen de la confianza necesaria para seguir sus sueños

La humorista Erma Bombeck observó: «Se necesita mucho valor para mostrarle tus sueños a otra persona». Hay que tener confianza para hablar de un sueño y aun más para seguirlo. Algunas veces la confianza es lo que separa a los que sueñan y buscan sus sueños de los que no. En su investigación en la Universidad de Wisconsin, Karen Greno-Malsch descubrió que la confianza en sí mismo es un ingrediente vital del éxito. En un estudio de niños, halló que una autoestima baja se traducía en un treinta y siete por ciento menos de disposición a negociar y a un once por ciento menos de uso de estrategias de negociación con otros. También descubrió que cuanto mayor era la autoestima de un niño, tanto mayor la disposición a correr los riesgos de tomar negociaciones prolongadas y mayor la capacidad de adaptación. En otras palabras, si tienes más confianza en ti mismo, menos probable es que te des por vencido en el intento de obtener lo que deseas.[2]

«*Se necesita mucho valor para mostrarle
tus sueños a otra persona*».

—ERMA BOMBECK

Los sueños son frágiles y corren su riesgo más grande cuando son nuevos para ti, cuando las personas a las que amas y respetas no los aprueban, y cuando careces de un historial de éxitos pasados que te den confianza. Pero es necesario tener confianza basada en la realidad para luchar por tus sueños. ¿Cómo puedes ganar tal confianza? A través de conocerte a ti mismo. La consultora de administración Judith Bardwick afirma que «la verdadera confianza proviene de conocerte y aceptarte a ti mismo, tus puntos fuertes y limitaciones, en lugar de depender de la afirmación de otros, del exterior». Esa es otra razón por la cual creo que la prueba del sueño puede ayudarte. Las respuestas positivas a las preguntas te darán más confianza para que sigas tus sueños.

5. ALGUNOS CARECEN DE LA IMAGINACIÓN
NECESARIA PARA SOÑAR

¿Cómo descubren las personas sus sueños? ¡Soñando! Eso podrá sonar exageradamente simplista, pero allí es donde empieza. La imaginación es el suelo que hace que los sueños cobren vida. El físico laureado con el premio Nobel, Alberto Einstein, un soñador y pensador, comprendía el valor de la imaginación. Dijo: «Cuando me examino a mí mismo y mis métodos de pensar, llego a la conclusión de que el don de la fantasía ha significado más para mí que mi talento de absorber conocimiento positivo». Einstein denominó a su imaginación una «curiosidad santa».

> *La imaginación es el suelo que hace*
> *que los sueños cobren vida.*

Si vienes de un fondo desalentador, o si no piensas que eres una persona particularmente imaginativa, no pierdas las esperanzas. Todavía puedes descubrir tu sueño y desarrollarlo. Dios ha puesto esa capacidad en cada uno de nosotros. Si conoces y cuidas a niños, entonces sabes que eso es cierto. Todos los niños sueñan, todos los niños poseen imaginación. Mi esposa Margaret, y yo tenemos cinco nietos y cuando estamos con ellos, vemos sus imaginaciones vívidas trabajar, arrebatándolos de este mundo a uno de su propia creación.

Soñar está en ti. Mi amigo, el autor Max Lucado, describe tus posibilidades con claridad: «No eres un accidente. No eres resultado de la producción en masa. No eres producto de una línea de ensamblaje. Fuiste planeado con deliberación, dotado de dones específicos y colocado amorosamente en la Tierra por el Maestro Artesano». Yendo más allá, algunos afirmarían que cuanto más humildes sean tus orígenes, tanto mayor tu potencial de soñar. El hombre de negocios Howard Schultz, que provino de un origen de muy escasos recursos, utilizó la tierra fértil de su imaginación para ayudarle a cultivar la idea de Starbucks, la empresa que fundó. Schultz dijo:

> Una cosa que he observado acerca de los románticos: Tratan de crear un mundo nuevo y mejor partiendo de lo ordinario de la vida cotidiana. Esa también es la meta de Starbucks. Tratamos de crear, en nuestras tiendas, un oasis, un lugar en el vecindario en donde

puedes tomar un descanso, escuchar música jazz o considerar cuestiones universales, personales o aun ocurrentes al degustar una taza de café.

¿Quién se imagina un lugar semejante?

Partiendo de mi experiencia personal, diría que cuanto menos inspiradores sean tus orígenes, tanto más probable es que utilices tu imaginación e inventes mundos en donde todo parece posible.

Eso definitivamente fue cierto en mi caso.

Creo que Dios quiere que soñemos, y que soñemos en grande, porque Él es un Dios grande que quiere hacer cosas grandes y hacerlas a través de nosotros. Mi amigo Dale Turner afirma: «Los sueños son renovables. No importa la edad o condición que tengamos, aun restan posibilidades no aprovechadas dentro de nosotros y una nueva belleza que está esperando nacer». Nunca es tarde para soñar.

¿ESTÁS LISTO PARA PONER TU SUEÑO A PRUEBA?

Muy bien, podrías decirte a ti mismo, *tengo un sueño. Creo que vale la pena seguirlo. ¿Y ahora qué? ¿Cómo puedo saber que mis probabilidades de lograrlo son buenas?* Eso nos conduce a las preguntas que abarcan los diez capítulos de este libro. Aquí están:

1. La pregunta de la posesión: ¿Es este sueño realmente mi sueño?

2. La pregunta de la claridad: ¿Puedo ver mi sueño claramente?

xviii

3. La pregunta de la realidad: ¿Estoy dependiendo de factores bajo mi control para lograr mi sueño?

4. La pregunta de la pasión: ¿Me impulsa mi sueño a seguirlo?

5. La pregunta del camino: ¿Tengo una estrategia para alcanzar mi sueño?

6. La pregunta del personal: ¿He incluido a las personas que necesito para convertir mi sueño en realidad?

7. La pregunta del costo: ¿Estoy dispuesto a pagar el precio de mi sueño?

8. La pregunta de la tenacidad: ¿Me estoy acercando a mi sueño?

9. La pregunta de la satisfacción: ¿Me trae satisfacción trabajar para cumplir mi sueño?

10. La pregunta de la trascendencia: ¿Se benefician otros con mi sueño?

Creo que si realmente exploras cada pregunta, te examinas honestamente y respondes a todas afirmativamente, las probabilidades de que logres tu sueño son muy buenas. A mayor cantidad de respuestas afirmativas que des, tanto más estarás rumbo a cumplir tus sueños. Verdaderamente creo que todos tenemos el potencial de imaginar un sueño que vale la pena, y la mayoría tenemos la capacidad de lograrlo. Y no importa lo grande o aparentemente inverosímiles que parezcan ser tus sueños para los demás, si respondes sí a las preguntas de la prueba de los sueños.

> *«Siempre recuerda que sólo hay dos clases de personas en este mundo: los realistas y los soñadores. Los realistas saben hacia donde van. Los soñadores ya han estado allí».*
>
> —Robert Orben

El redactor de discursos y autor de comedia Robert Orben afirmó: «Siempre recuerda que sólo hay dos clases de personas en este mundo: los realistas y los soñadores. Los realistas saben hacia donde van. Los soñadores ya han estado allí». Si has definido tu sueño, entonces estás listo para ponerlo a prueba y empezar a seguirlo.

Si no estás seguro de cuál es tu sueño, ya sea que tengas temor de soñar o porque de alguna manera perdiste tu sueño por el camino, entonces empieza a prepararte para recibirlo al explorar lo siguiente:

1. **Preparación mental.** Lee y estudia sobre las áreas que te interesan.
2. **Preparación experiencial.** Participa en actividades en áreas relacionadas con tus intereses.
3. **Preparación visual.** Coloca fotografías de personas y cosas que te inspiran.
4. **Preparación de héroes.** Lee acerca de personas que admiras y que te inspiran y trata de llegar a conocerles.
5. **Preparación física.** Pon tu cuerpo en forma óptima para seguir tu sueño.
6. **Preparación espiritual.** Busca ayuda sobrenatural para lograr un sueño que es más grande que tu persona.

Una vez que haces estas seis cosas para colocarte en la mejor posición posible para recibir un sueño, enfócate en descubrir el tuyo. Al hacerlo, recuerda las palabras de mi agente Matt Yates, quien dice: «Un sueño es aquello que deseas cuando cualquier cosa y todo es posible».

LA PRUEBA DEL SUEÑO

Para ayudarte a poner a prueba tu sueño, he diseñado la Prueba del Sueño. Contesta cada una de las tres declaraciones que se hallan en las preguntas sobre el sueño, respondiendo verdadero o falso. Una vez que has completado la prueba, recluta a tres personas que te conocen bien para que te ayuden a evaluarte a ti mismo. Si todavía no les has dicho tu sueño, hazlo ahora. Luego pídeles que contesten cada una de las preguntas que se refieren a ti. Además, pídeles que te den el puntaje total del 1 (ninguna posibilidad) al 10 (certeza absoluta) de las probabilidades de que logres tu sueño.

1. La pregunta de la posesión: ¿Es este sueño realmente mi sueño?
   A. Yo sería la persona más contenta del mundo si lograra mi sueño.
   B. He compartido mi sueño públicamente con otras personas, incluyendo a mis seres queridos.
   C. Otros han desafiado mi sueño, y yo aún lo anhelo.

2. La pregunta de la claridad: ¿Puedo ver mi sueño claramente?
   A. Puedo explicar lo esencial de mi sueño en una sola oración.
   B. Puedo contestar casi cualquier pregunta sobre el qué (si no el cómo) de mi sueño.
   C. He escrito una clara descripción de mi sueño que incluye las principales características u objetivos.

3. La pregunta de la realidad: ¿Estoy dependiendo de factores bajo mi control para lograr mi sueño?
   A. Sé cuáles son mis mejores talentos y mi sueño depende mucho de ellos.

B. Mis hábitos actuales y prácticas diarias contribuyen poderosamente al posible éxito de mi sueño.

C. Es muy probable que mi sueño se convierta en realidad aun si no tengo suerte, si gente importante me ignora o se me opone, o si encuentro serios obstáculos.

4. La pregunta de la pasión: ¿Me impulsa mi sueño a seguirlo?

A. No se me ocurre nada que preferiría hacer en lugar de ver que se cumpla mi sueño.

B. Pienso en mi sueño todos los días y a menudo me despierto y me quedo dormido pensando en él.

C. Este sueño ha sido continuamente importante para mí durante por lo menos un año.

5. La pregunta del camino: ¿Tengo una estrategia para alcanzar mi sueño?

A. Tengo un plan escrito de cómo trataré de alcanzar mi sueño.

B. He compartido mi plan con tres personas que respeto para obtener su reacción.

C. He realizado cambios significativos en mis prioridades y hábitos laborales para poner mi plan en acción.

6. La pregunta del personal: ¿He incluido a las personas que necesito para convertir mi sueño en realidad?

A. Me he rodeado de gente que me inspira y que es honesta conmigo en lo que se refiere a mis puntos fuertes y mis debilidades.

B. He reclutado a personas con destrezas que complementan las mías para que me ayuden a alcanzar mi sueño.

C. He transferido la visión de mi sueño a otros, y ellos comparten la posesión de éste.

7. La pregunta del costo: ¿Estoy dispuesto a pagar el precio de mi sueño?

A. Puedo mencionar los costos específicos que ya he pagado hacia el logro de mi sueño.

B. Ya he considerado lo que estoy dispuesto a intercambiar para alcanzar mi sueño.

C. No estaré comprometiendo mis valores, ni arruinando mi salud, ni perjudicando a mi familia por ir en pos de mi sueño.

8. La pregunta de la tenacidad: ¿Me estoy acercando a mi sueño?

A. Puedo identificar obstáculos que ya he vencido en la búsqueda de mi sueño.

B. Hago algo todos los días, aun si es muy pequeño, para acercarme a mi sueño.

C. Estoy dispuesto a hacer cosas extraordinariamente difíciles para crecer y cambiar a fin de poder alcanzar mi sueño.

9. La pregunta de la satisfacción: ¿Me trae satisfacción trabajar para cumplir mi sueño?

A. Estoy dispuesto a abandonar mi idealismo para hacer que mi sueño se convierta en realidad.

B. Estoy dispuesto a trabajar durante años o incluso décadas para alcanzar mi sueño porque así es de importante para mí.

C. Disfruto ir en pos de mi sueño tanto que aun si fracaso, consideraré que pasé muy bien mi vida.

10. La pregunta de la trascendencia: ¿Se benefician otros con mi sueño?

A. Puedo nombrar a personas específicas además de mí que se beneficiarán si se cumple mi sueño.

B. Estoy trabajando para formar un equipo que piensa de manera similar a fin de alcanzar mi sueño.

C. Lo que estoy haciendo para alcanzar mi sueño tendrá importancia en cinco, veinte, o cien años.

Si puedes responder «verdadero» a cada declaración, entonces las probabilidades son muy buenas de que verás a tu sueño convertirse en realidad. Si respondiste «falso» a una o más declaraciones debajo de una pregunta, entonces necesitas examinar si estás siendo sincero contigo mismo en relación a dónde te encuentras con respecto a esa pregunta. Pasa tiempo reflexionando, y haz los ejercicios al final del capítulo de esa pregunta.

También debes hablar con tres personas que evaluaron estas preguntas relacionadas contigo. ¿Correspondieron sus respuestas a las tuyas? Si no fue así, pídeles que te expresen sus observaciones. También fíjate en el puntaje total que te dieron. Si te dieron menos de 10, pregunta: «¿Qué necesitaré para alcanzar un 10?» Escucha, toma notas, haz preguntas esclarecedoras, pero no te defiendas. Cuando recibas sus respuestas, busca patrones, y recuerda que el asesor en administración, Jack Rosemblum, dice: «Si una persona te dice que eres un caballo, esa persona está loca. Si tres personas te dicen que eres un caballo, se está maquinando una conspiración. Si diez personas te dicen que eres un caballo, es hora de comprar la montura».

CAPÍTULO 1

La pregunta de la posesión:
¿Es este sueño
realmente mi sueño?

No importa lo que pienses, asegúrate que sea lo que tú piensas;
no importa lo que desees, asegúrate que sea lo que tú deseas;
no importa lo que sientas, asegúrate que sea lo que tú sientes.
—T. S. ELIOT

Su padre quería que fuera policía. Después de todo, era el jefe de la policía en el pequeño pueblo donde se crió. Su madre tenía ideas diferentes. Creía que él debía ser carpintero; podía ver que no tenía mucho interés ni aptitud en las materias académicas en la escuela y quería que aprendiera un oficio práctico. Luego de que ella se lo pidiera, Arnold obedientemente se matriculó en un programa de aprendizaje de carpintería durante el bachillerato, pero su corazón nunca estuvo en ello.

¿DE QUIÉN ES EL SUEÑO?

Muchos jóvenes se encuentran en este tipo de situaciones cuando crecen. No saben en qué son buenos. De modo que escuchan a sus padres o amigos y empiezan en una dirección para sus vidas que refleja los deseos y sueños de otra persona, no los suyos propios. Eso no debiera sorprendernos. Los niños se ven a sí mismos primeramente a través de los ojos de sus padres y de otros individuos ejemplares. No tienen otro punto de referencia. El experto en consejería, Cecil G. Osborne, en *The Art of Understanding Yourself* [El arte de comprenderte a ti mismo], observa: «El niño pequeño no tiene un cuadro claro de sí mismo. Se ve únicamente a través de los ojos del espejo de la evaluación que le dan sus padres... Un niño al que repetidamente se le dice que es un niño malo, perezoso, bueno para nada, tonto, tímido o torpe, tenderá a actuar según esta imagen que el padre u otra figura de autoridad le ha dado».[1] Muchos jóvenes pierden contacto con su identidad emergente, quiénes son y lo que realmente les gustaría hacer, y adoptan los sueños y deseos del corazón de otra persona porque desean ganarse la aprobación de otros o porque no saben qué más hacer.

¿Cuántas personas asisten a la escuela de derecho porque eso es lo que sus padres quieren? ¿Cuántas se casan para complacer a sus madres? ¿Cuántos buscan un «buen trabajo» en lugar de buscar una carrera en el cine o el teatro? Cuando vemos a personas que en la edad media de su vida buscan un cambio de carrera, podemos estar casi seguros de que habían estado viviendo un sueño ajeno y habían perdido su camino. Por muy trastornadora que sea una transición semejante, estos individuos son más afortunados que los que nunca descubren sus propios sueños y los siguen.

Cuando vemos a personas que en la edad media de su vida buscan un cambio de carrera, podemos estar casi seguros de que habían estado viviendo un sueño ajeno y habían perdido su camino.

Aun los padres alentadores, positivos y bien intencionados pueden dirigir a sus hijos en el sentido equivocado. Lo sé porque lo experimenté en medida pequeña cuando tenía siete años. Mis padres estaban convencidos de que yo poseía talento musical. Compraron un piano y me inscribieron para tomar lecciones. Por un par de años disfruté de aprender y practicar. No sentía pasión por ello, pero continué tocando porque esto alegraba a mi madre y a mi padre.

Mis padres decidieron ampliar mis horizontes musicales cuando llegué al quinto grado, y me compraron una trompeta. Mi maestro me informó que mi boca no tenía la forma correcta para ese instrumento, así que lo cambiaron por un clarinete. Un clarinetista famoso llamado Ted Lewis provenía de mi pueblo natal, Circleville, Ohio, así que mis amigos empezaron a decir: «¡Tal vez tú serás el próximo Ted Lewis!»

Ni por casualidad. Ni siquiera tenía talento suficiente para ocupar la primera silla en la banda de mi escuela primaria. ¡Era el *último* clarinete!

A esa edad realmente quería jugar baloncesto. Todavía recuerdo la presión y el dolor en mi corazón cuando finalmente me senté con mis padres a decirles que quería abandonar la música por los deportes. También recuerdo la alegría que sentí cuando ellos abandonaron su sueño de que yo llegara a ser un gran músico. Fue con sumo gozo que empaqué mi clarinete de una vez por todas y tomé una pelota de baloncesto.

EL SUEÑO DE ARNOLD

Arnold no estaba seguro de lo que quería hacer, pero sabía que no era en las fuerzas del orden público ni en la carpintería. No fue por falta de intento de hallar su sueño. Tenía ambición. De hecho, una cosa que sí sabía era que quería ser el mejor del mundo en lo que escogiera. Le encantaba el atletismo, pero a mitad de sus años de adolescencia, aún no había hallado el deporte correcto. Había probado muchos: *piruetas* en el hielo, boxeo, carreras, y eventos de campo tales como la jabalina y el lanzamiento de bala. Por cinco años jugó fútbol, pero no sentía pasión fuerte por ello. Un día su entrenador de fútbol pidió a miembros del equipo que empezaran a levantar pesas una vez por semana para mejorar su condición física. Fue entonces que su sueño empezó a tomar forma.

«Todavía recuerdo aquella primera visita al gimnasio de fisiculturismo —refiere—. Aquellos tipos... se veían poderosos, hercúleos. Y allí estaba, delante de mí, mi vida, la respuesta que había estado buscando. Encajó en mí. Fue algo que repentinamente parecí extenderme y alcanzar, como si hubiera estado cruzando un puente suspendido y finalmente llegué a tierra firme».[2]

A los catorce años, Arnold Schwarzenegger había descubierto su pasión en un gimnasio. Su sueño vino apenas unos meses después cuando vio una revista en el escaparate de una tienda. En la portada se veía un fisiculturista que estaba representando el papel de Hércules en una película. Arnold recuerda lo que sucedió a continuación:

4

Recogí los *pfennigs* [centavos austriacos] que me quedaban y compré la revista. Resulta que aquel Hércules era un inglés [llamado Reg Park] que había ganado el título de Mr. Universo en fisiculturismo y lo aprovechó para forjarse una carrera en el cine, y luego tomó el dinero y creó un imperio de gimnasios. ¡Lotería! ¡Tenía un ejemplo! ¡Si él pudo hacerlo, yo podría hacerlo! Ganaría el título Mr. Universo, me convertiría en estrella del cine, me haría rico. Uno, dos, tres; ¡pim, pam pum! Hallé mi pasión. Hallé mi meta.[3]

No todos comprendieron el sueño de Arnold, ciertamente no sus padres ni sus amigos de infancia. Su padre albergaba esperanzas de que esto fuera una fase pasajera.

—Bueno, Arnold, ¿qué es lo que quieres hacer? —preguntaba.

—Papá, voy a ser fisiculturista profesional. Esa será mi vida —explicaba Arnold.

—Veo que estás hablando en serio, pero, ¿cómo planeas aplicarlo?[4]

Nadie parecía comprender la decisión de Arnold, su dedicación y su visión.

—No podía haber escogido un deporte menos popular —explica Arnold—. Mis amigos de la escuela pensaban que yo me había vuelto loco. Pero no me importaba… había hallado aquello a lo que quería dedicar todas mis energías y no había quien me detuviera. Mi impulso era poco usual, yo hablaba diferente que mis amigos; tenía más ansias de éxito que todos mis conocidos.[5]

Ese es el poder de un sueño irresistible. Un sueño es una imagen inspiradora del futuro que activa la mente, la voluntad y las emociones, facultando a una persona a hacer todo lo que se necesite por lograrlo.

Una vez que Arnold encontró un sueño propio, lo siguió implacablemente. Empezó a pasar horas enteras haciendo ejercicios, seis días a la semana. Su sueño era convertirse en el hombre mejor formado del mundo. A los dieciocho años de edad, mientras servía el año obligatorio en el ejército austríaco, ganó el título de Mr. Europa Juvenil, su primera competencia principal. El año siguiente ganó el título de Mr. Europa. Se trasladó a Munich y siguió trabajando. Llegó a ser propietario parcial de un gimnasio allí. En 1967, ganó el concurso de Mr. Universo para aficionados en Londres. Apenas contaba con veinte años de edad y su victoria asombró a todos. Cuando llamó a sus padres para contarles de su éxito, ellos sonaron menos que entusiasmados.

—Si hubiera sido el periódico local de Graz diciendo que yo había obtenido mi título universitario, habría tenido más sentido para ellos —comenta Arnold—. En cierto sentido me importaba que ellos no pudieran comprenderlo. Sentí que ellos por lo menos debían reconocer lo que significaba para mí. Sabían lo duro que había trabajado por lograrlo... Creo que uno siempre hace cosas por ganarse la aprobación de sus padres.[6]

A pesar de la falta de apoyo por la carrera que había escogido, Arnold llegó a ganar todas las competencias principales de fisiculturismo del mundo, incluyendo el prestigioso concurso Mr. Olympia que ganó la increíble cantidad de siete veces, la última de ellas en 1980. No obstante, llegar a ser el mejor fisiculturista del mundo, un logro asombroso en sí mismo, no era el único sueño de Arnold. Muchos se llevaron una sacudida cuando le vieron convertir su poderío en fisiculturismo en una carrera exitosa en el cine. Años después, quedaron estupefactos cuando se lanzó para gobernador de

California, y ganó. Lo que la mayoría de las personas desconoce es que Arnold soñaba con estas cosas desde sus años mozos en Austria. A los veinte años, le dijo a un amigo: «Quiero ganar el título Mr. Universo muchas veces como lo hizo Reg [Park, su ídolo]. Quiero hacer películas como Reg. Quiero tener mil millones de dólares. Y quiero entrar en política».[7]

Arnold ha vivido su sueño. Ganó los títulos de Mr. Universo y Mr. Olympia muchas veces. Ha filmado muchas películas, ¡y ellas han ganado más de $1600 millones de dólares![8] Ha sido un hombre de negocios sumamente exitoso. Desde sus primeros días en Estados Unidos, ha sido disciplinado en el ahorro y sabio inversionista en bienes raíces, la bolsa de valores y negocios. (Todavía no posee los mil millones de dólares; se estima que su fortuna neta asciende a *apenas* $800 millones.)[9] Es un líder político. Arnold Schwarzenegger se ha adueñado de su sueño y como resultado de ello, ha sido sumamente exitoso.

—Desde un principio supe que el fisiculturismo era la decisión perfecta para mi carrera —dice Arnold—. Nadie más parecía estar de acuerdo, al menos nadie de entre mis familiares y maestros. Para ellos la única forma aceptable de vida era ser banquero, secretario, doctor o vendedor; establecerse de una forma ordinaria, tomar un tipo regular de trabajo ofrecido por una agencia de empleo. Algo legítimo. Mi deseo de hacer fisiculturismo y ser Mr. Universo escapaba totalmente de su comprensión.[10]

Pero no escapaba a la comprensión de Arnold, ni a su capacidad de lograrlo, porque pudo responder a la pregunta de la posesión afirmativamente.

7

UN SUEÑO ES POSIBLE SOLAMENTE
SI TE ADUEÑAS DE ÉL

¿Cómo respondes a la pregunta de la posesión? ¿Es tu sueño realmente tuyo? ¿Estás dispuesto a ponerlo a prueba? En nombre de ser razonables, muchos ignoran sus deseos. Adoptan una carrera para agradar a sus padres, sus cónyuges u otros. Si haces eso, serás consciente de tus deberes, pero no serás exitoso. No puedes lograr un sueño que no posees.

> *No puedes lograr un sueño que no posees.*

Piensa en tu historia personal. ¿Cómo han influido los demás en tus planes, metas y deseos? ¿Eres consciente de cómo la visión que tienes para ti mismo ha sido impactada? ¿Es posible que tus sueños sean el resultado de una de las cosas siguientes?

> Quién piensan tus padres que eres
> Quién piensan los demás que eres
> Quién desearías ser
>
> O son resultado de:
> Quién realmente eres y estás destinado a ser.

Es responsabilidad de cada individuo determinar eso por sí mismo. De hecho, cumplirás tu sueño y vivirás la vida para la cual Dios te ha creado *únicamente* después de que lo hayas determinado. Como lo observó el ganador del Premio Nobel de literatura, Joseph Brosdky: «La tarea de un individuo consiste antes que nada en

8

dominar una vida que es posesión propia, no impuesta ni prescrita de fuera, no importa lo noble de su apariencia. Porque a cada uno de nosotros se nos da una vida, y sabemos bien cómo termina todo. Sería lamentable desperdiciar esta oportunidad única en la apariencia de otro, en la experiencia de otro».

¿Cómo puedes saber si estás siguiendo un sueño que no es realmente *tu* sueño? Aquí hay unas pistas que te ayudarán a averiguarlo:

CUANDO OTRO POSEE TU SUEÑO	CUANDO POSEES TU PROPIO SUEÑO
No encaja bien.	Se siente bien en ti.
Será un peso sobre tus hombros.	Da alas a tu espíritu.
Agotará tus energías.	Te entusiasmará.
Te pondrá a dormir.	Te mantendrá despierto por la noche.
Te saca de tu zona de fortaleza.	Te saca de tu zona de comodidad.
Será satisfactorio para otros.	Será satisfactorio para ti.
Requerirá que otros te obliguen hacerlo.	Sentirás que fuiste hecho para a hacerlo.

Cuando el sueño es el correcto para el individuo y el individuo es el correcto para el sueño, no es posible separar a uno del otro. Si algo verdaderamente es tu sueño, necesitas ver la posibilidad que representa, ¡y necesitas poseerlo! El filósofo Søren Kierkegaard afirmó: «Una posibilidad es una sugerencia de parte de Dios. Hay que seguirla».

> *Cuando el sueño es el correcto para el individuo y el individuo es el correcto para el sueño, no es posible separar a uno del otro.*

La posesión es el primer paso vital para cumplir un sueño. Es como la llave que abre un sueño hacia todo lo demás. Si posees tu propio sueño, ¿no puedes verlo con mayor claridad? Si lo posees, ¿no confías en cosas que puedes controlar para lograrlo? ¿No aumenta tu pasión, y no es más probable que desarrolles una estrategia para lograrlo? ¿No incluyes a otros en él y pagas el precio por lograrlo? Cuando posees tu propio sueño, ¿no te sientes más tenaz y satisfecho al cumplirlo? ¿No aumenta su trascendencia? Todas las demás preguntas acerca de tu sueño se responden con más facilidad una vez que lo posees.

TENGO UN SUEÑO, PERO...

La mayoría de las personas no viven sus sueños. Desean y esperan. Formulan excusas. Esperan lo mejor. Cuando pasa el tiempo y sus sueños siguen sin cumplirse, se frustran y se amargan. Otros se dan por vencidos. El autor y pensador Henry David Thoreau afirmó: «La mayoría de hombres viven vidas de quieta desesperación». Creo que una de las razones por las cuales muy poca gente convierte sus sueños en realidad es que no se hacen responsables de ellos.

Mi hermano Larry, frecuentemente me recuerda de la importancia de poner un interés en el juego a cualquier cosa que se emprenda. Por interés en el juego se refiere a invertir algo de valor. Cada vez que eso sucede, el nivel de compromiso aumenta considerablemente. ¿Por qué? Porque cuando posees algo, tienes que darle energía, dinero, tiempo y compromiso. Cuando tienes interés en el juego, ya no tienes una actitud en la cual te da lo mismo si algo viene o se va. Has invertido parte de ti en él. Cuando Larry hace negocios con alguien, se asegura de que ambos tengan un interés en el juego, o de lo contrario no avanza.

Necesitas poseer una actitud similar con tu sueño. Necesitas poseerlo. Cuando lo posees, tienes la fuerza para levantarte por encima de las excusas ofrecidas por aquellos que no están siguiendo ningún sueño, tales como las tres excusas que escucho con mayor frecuencia:

EXCUSA N° 1: LOS SUEÑOS NO SE CUMPLEN PARA LAS PERSONAS ORDINARIAS

Muchos creen que los sueños son sólo para personas especiales y que al resto del mundo le toca conformarse con menos. Pero discrepo de tal modo de pensar. Todos podemos tener sueños y seguirlos. De hecho, seguir un sueño es lo que marca la diferencia entre las personas ordinarias y las extraordinarias. Las personas ordinarias pueden vivir vidas extraordinarias si siguen sus sueños. ¿Por qué digo eso? Porque un sueño se convierte en un catalizador para ayudar a las personas a hacer cambios importantes en sus vidas. Tú no cambias la persona que eres para seguir tu sueño, sino que sigues tu sueño y ese proceso cambia quien eres y lo que puedes lograr. Un sueño es tanto un objetivo como un catalizador.

EXCUSA N° 2: SI EL SUEÑO NO ES GRANDE, NO VALE LA PENA SEGUIRLO

Nunca debemos evaluar un sueño según su tamaño ya que eso no es lo que determina su valor. Un sueño no tiene que ser grande, basta con que sea tuyo.

Mi amigo Dan Reiland me contó acerca de un miembro de su personal que dijo a sus colegas: «Todo lo que siempre he aspirado ser es un buen padre». Nadie le criticó por no estar buscando conquistar la luna. Y mientras él hablaba sobre su sincero deseo, les sacó lágrimas a todos. No era un sueño grande, pero sí poderoso. Más grande no siempre es mejor y el tamaño no determina la trascendencia.

EXCUSA N° 3: ESTE NO ES EL MOMENTO ADECUADO PARA SEGUIR MI SUEÑO

La excusa más común ofrecida para no poseer ni seguir un sueño tiene que ver con el tiempo. Algunos dicen que es demasiado pronto. Esperan que se les conceda permiso para seguir su sueño, un permiso que sólo ellos mismos pueden concederse. Mientras tanto, unos pocos, como Arnold Schwarzenegger, ven su sueño y salen tras él, afirmando las palabras de la autora Pearl S. Buck: «Los jóvenes no saben lo suficiente como para ser prudentes, y por lo tanto intentan lo imposible, y lo logran, generación tras generación».

> «Los jóvenes no saben lo suficiente como para ser prudentes,
> y por lo tanto intentan lo imposible, y lo
> logran, generación tras generación».
> —PEARL S. BUCK

Otros temen que es demasiado tarde para seguir sus sueños y como resultado de ello, se dan por vencidos. Creo que el novelista George Eliot tenía razón cuando dijo: «Nunca es tarde para ser lo que podrías haber sido».

Jim Carrey, el astro del cine, enfrentó desafíos y desaliento al iniciar su carrera como comediante. Explica que cuando sentía deseos de abandonar su sueño de lograr el éxito en la industria del entretenimiento, pensaba en Rodney Dangerfield, quien luchó por décadas antes de llegar al pináculo de su profesión. —Me presenté en clubes de comediantes por quince años —recuerda Carrey—, y algunas veces lo único que me instaba a seguir adelante era saber que Rodney había abandonado la carrera cuando tenía treinta años, pero había regresado y logrado un éxito grande ya pasados los cuarenta. Éxito grande. En un negocio que casi siempre valora más la juventud que el talento, él era... prueba absoluta de que nunca es demasiado tarde para hacer tu marca. Tal vez tendrás que abandonar por un rato y vender revestimientos para casas, pero no tienes que abandonar tus sueños. Nunca será el momento perfecto para seguir tu sueño, así que más vale empezar a hacerlo ahora. Si no lo haces, el próximo año tendrás un año más de edad y no te habrás acercado ni un poco.

CÓMO TOMAR POSESIÓN DE TU SUEÑO

Si estás dispuesto a dar ese paso, a tomar posesión de tu sueño, empieza el proceso haciendo lo siguiente:

1. ATRÉVETE A APOSTARTE A TI

Es posible que logres el éxito aun cuando nadie más crea en ti, pero nunca lo lograrás si no crees en ti mismo. De hecho, si no puedes creer en ti mismo, tendrás muchas dificultades para creer en casi todo lo demás. Estarás a la deriva en el mundo, sin nada que te impulse a avanzar. Sin embargo, los individuos que toman posesión de sus sueños creen en sí mismos, y cuando creen en sí mismos, se atreven a apostar a sí mismos.

> *Es posible que logres el éxito aun cuando nadie más crea en ti, pero nunca lo lograrás si no crees en ti mismo.*

Poseer un sueño significa hacer que tu fe en ti mismo venza tus temores. Una escena en la película *Akeelah and the Bee* [Akeelah y el gran certamen] ilustra el poder de creer en uno mismo y en lo que uno es capaz de hacer. El guión trata de Akeelah, una niña de la parte sur de Los Ángeles que vence muchos obstáculos para llegar a competir en el Certamen Nacional de Ortografía. Cuando su entrenador, el doctor Larabee (representado por Laurence Fishburne) le pregunta: —¿Tienes metas? ¿Qué quieres ser cuando crezcas? ¿Doctora, abogada, comediante? —ella responde—: No sé. Lo único que sé hacer bien es deletrear.

—Ve allá —le dice él, señalando hacia una placa—, y lee la cita que aparece en la pared. Léela en voz alta, por favor.

Ella lee: —Nuestro temor más profundo no es ser inadecuados. Nuestro temor más profundo es que somos poderosos más allá de toda medida. Nos preguntamos: «¿Quién soy yo para ser brillante, hermoso, talentoso y fabuloso?» En realidad, ¿quién eres para *no* serlo? Nacimos para manifestar la gloria de Dios que está en nuestro interior, y al dejar que alumbre nuestra luz, inconscientemente concedemos a los demás permiso de hacer lo mismo.

—¿Significa eso algo para ti? —pregunta Larabee—. ¿Qué significa?

—Que se supone que no tenga temor —responde ella.

—¿Temor de qué?

—Temor... ¿de mí?

Nunca creerás tu sueño a menos que creas en ti mismo primero. Jack Canfield, coautor de la ultra exitosa serie *Sopa de pollo para el alma*, comenta sobre esta idea:

> Creo ideas grandes porque creo que puedo, no porque soy creativo. En la cima de la pirámide uno tiene el poder de crear cualquier cosa y crear valor para todo lo creado. Mi ascenso se inició cuando era niño, auxiliado por mis padres y maestros, y continuó gracias a la ayuda de mis mentores y de mi esposa e hijos. Todas estas personas añadieron a mi capital psicológico. El resultado final es este: Una autoestima saludable crea un estado financiero saludable.

Si quieres lograr el éxito, es necesario que creas que puedes hacerlo. Tienes que apostarte a ti si quieres ver tus sueños convertidos en realidad.

2. Guía tu vida en lugar de sólo aceptar tu vida

La facultad de elegir es la más poderosa de todas las que posee un individuo. Oprah Winfrey confirma este poder y alienta a los demás a aprovecharlo. «Comprende que el derecho de elegir tu propio camino es un privilegio sagrado. Úsalo. Habita en las posibilidades». Lamentablemente, muchos sólo aceptan sus vidas, no se convierten en líderes de sí mismos. Como resultado de ello, no logran dejar de estorbarse a sí mismos.

> *«Comprende que el derecho de elegir tu propio camino es un privilegio sagrado. Úsalo. Habita en las posibilidades».*
> —OPRAH WINFREY

La decisión de guiar tu vida en lugar de sólo aceptarla es crítica para tomar posesión de tu sueño. Elie Wiesel, quien sobreviviera al Holocausto, escribió en *Souls on Fire* [Almas en fuego] que cuando morimos y vamos a comparecer delante del Creador, no se nos preguntará por qué no llegamos a ser un mesías o hallar la cura para el cáncer. Todo lo que se nos preguntará es: «¿Por qué no llegaste a ser tú? ¿Por qué no llegaste a ser todo lo que eres?» Alcanzar el potencial que Dios te ha dado exige que te hagas responsable de ti mismo, y de tu vida. Significa desempeñar un papel activo como líder de ti mismo.

¿Cómo se hace eso? Diciendo sí a ti mismo, a tus esperanzas y a tus sueños. Cada vez que dices sí, te abres a la posibilidad de alcanzar tu potencial y a posibilidades aun mayores. Si estás acostumbrado a decir que no, te costará cambiar. Si este es tu caso, entonces por lo menos disponte a responderte con un quizás. Nunca olvides que eres un milagro, que eres único y que posees talentos, experiencias y oportunidades que nadie más tiene, y que nadie más tendrá. Es tu responsabilidad llegar a ser todo lo que eres, no sólo para beneficio tuyo, sino también por el de todos los demás.

3. AMA LO QUE HACES Y HAZ LO QUE AMAS

Irving Berlin fue uno de los compositores más prolijos y exitosos de la historia de Estados Unidos. Compuso canciones tales como "God Bless America" [Dios bendiga a Estados Unidos], "Easter Parade" [Desfile de Semana Santa] y "I'm Dreaming of a White Christmas" [Blanca Navidad], la cual todavía figura como la banda sonora más vendida de la historia. En una entrevista publicada en el diario *San Diego Union*, Don Freeman preguntó al Sr. Berlin: —¿Hay alguna pregunta que nunca le han hecho, pero que usted desearía que alguien le hiciera?

—Bueno, sí, hay una —respondió Berlin—. Me gustaría que me preguntaran qué opino de las muchas canciones que he compuesto y que no fueron éxitos. Mi respuesta sería que aun pienso que son maravillosas.[11]

Las personas de éxito, los que ven su sueño y lo capturan, aman lo que hacen y hacen lo que aman. Permiten que su pasión y su talento les guíen. ¿Por qué? Porque el talento, el propósito y el potencial siempre van de la mano. No creo que Dios cometa errores. Él no crea a individuos que tengan talento en un área pero que se interesen por otra totalmente desvinculada. Siempre existe la posibilidad de alinear el talento con la pasión si tenemos el valor de seguir nuestro propósito y correr riesgos.

Po Bronson, autor de *¿Qué debo hacer con mi vida?* escribe:

Estoy convencido de que el éxito futuro en los negocios empieza con la pregunta: ¿Qué debo hacer con mi vida? Sí, así es... los individuos no logran el éxito al acercarse a una industria «de gran aceptación» (por ejemplo: las empresas punto.com), ni por adoptar una mantra que guíe sus carreras (¿recuerda las «carreras horizontales»?). Los individuos florecen al enfocarse en la pregunta de quiénes son en realidad y conectarla con el trabajo que realmente aman (y, al hacerlo, desencadenan un poder productivo y creativo que jamás habían imaginado).[12]

Muchas personas de éxito hacen eco de la afirmación de Bronson. Carly Fiorina, quien previamente fuera directora y presidente de la junta ejecutiva de Hewlett-Packard, aconseja lo siguiente: «Ama lo que haces, o no lo hagas. No tomes ninguna decisión, ni de carrera ni de la vida, tan sólo por agradar a los demás ni porque ocupe un lugar alto en la escala de éxito de alguna otra persona... Decide hacer algo porque captura tanto tu corazón como tu mente. Decide hacerlo porque captura todo tu ser». No te hagas esclavo de un sueño ajeno, porque una vez que tomas posesión de un sueño, el sueño también toma posesión de ti, y ser esclavo de un sueño ajeno se convertirá en una pesadilla.

4. No te compares (ni a tu sueño) con los demás

Todas las personas que conozco desean alcanzar el éxito, pero casi todas definen el *éxito* de modo diferente. ¿Cómo lo defines tú? ¿Concuerdas con el diccionario *Vox*, que ofrece como una de sus definiciones: «Circunstancia de obtener lo que se desea en el ámbito profesional, social o económico»?[13] En caso afirmativo, entonces ¿cuánta riqueza se necesita para alcanzar el éxito? ¿Cuánta fama? ¿Acaso hay que escoger un objetivo al azar? ¿Debes compararte con los demás? ¿Y qué si decides dedicarte a criar hijos con carácter o a servir a tu comunidad? ¿Significa eso que tienes menos éxito que los que han obtenido mucho prestigio o ventajas monetarias? Pienso que no.

El éxito consiste en hacer lo mejor posible con lo que se tiene al iniciar la vida. Nunca permitas que otros fijen la norma para ti, tal como nunca debes intentar vivir un sueño ajeno. Compararnos con los demás no nos beneficia, ni nos acerca a vivir nuestro sueño. Cuando jugamos el juego de las comparaciones, somos como unas vacas en una pradera que ven un camión de leche pasar, con un letrero que dice: «Pasteurizada, homogeneizada, normalizada, con Vitamina A añadida», y una vaca dice a la otra: «Como que le hace a una sentirse inadecuada, ¿verdad?»

> *El éxito consiste en hacer lo mejor posible con lo que se tiene al iniciar la vida.*

Mi amiga, la autora Joyce Meyer afirma sabiamente: «Dios te ayudará a que seas todo lo que puedas ser, pero nunca te ayudará a ser quien no eres». Si enfocas demasiada atención en quién *no eres* porque te comparas con los demás, perderás de vista la persona en la que debes convertirte. Ahora que he rebasado los sesenta años de edad, puedo decirte con certeza que existe mucha sabiduría en la regla de los 18/40/60. Cuando tienes dieciocho años, te preocupa lo que los demás piensan de ti. Cuando tienes cuarenta, no te importa un bledo lo que los demás piensan de ti. Cuando llegas a los sesenta, ¡te das cuenta de que nadie ha estado pensando nada de ti!

5. Cree en tu visión del futuro, aun cuando los demás no te comprendan

No eres un accidente. Hay una razón de tu existencia. Ralph Waldo Emerson afirmó: «La confianza en uno mismo es el secreto del éxito, la creencia que si estás aquí, las autoridades del universo te han colocado aquí y con una causa, o con una tarea estrictamente encomendada a ti en tu formación, de modo que si laboras en ella estarás bien y alcanzarás el éxito».

Aunque tienes mucho potencial y la semilla de un propósito está en ti, los demás no necesariamente te comprenderán. Como sucedió con Arnold Schwarzenegger, tal vez puedas ver una imagen de lo que tu futuro podría ser, pero los demás podrían ver a una persona arrogante o presuntuosa. No permitas que eso te disuada de tomar posesión de tu sueño y avanzar.

La periodista Anna Quindlen, ganadora del Premio Pulitzer en 1992, albergaba un sueño en su corazón y una visión del futuro que la llevó por un camino incomprensible para los demás. En un discurso pronunciado a los graduandos del 2002 en el Sarah Lawrence College, Quindlen explicó: «Cuando renuncié a *The New York Times* para ser una madre de tiempo completo, las voces del mundo dijeron que me había vuelto loca. Cuando volví a renunciar al diario para tornarme en novelista, volvieron a decirme que me había vuelto loca. Si no logras el éxito en tus propios términos, si se ve bien ante el mundo, pero no se siente bien en tu alma, eso no es éxito del todo».

> *«Si no logras el éxito en tus propios términos, si se ve bien ante el mundo, pero no se siente bien en tu alma, eso no es éxito del todo».*
>
> —ANNA QUINDLEN

Si tu sueño es realmente tuyo, entonces les parecerá escandaloso a más de unas cuantas personas. Ahora bien, no digo que tu sueño puede darse el lujo de ignorar la realidad, lo cual es un tema que toco en la pregunta de la realidad (capítulo 3). Lo que digo es que indudablemente tendrás que vencer a algunos detractores para lograrlo. Y si alguien intenta silenciar tus esperanzas o negar tu avance en la búsqueda de tu sueño, tal vez ese alguien no es tu amigo.

Todos tenemos el potencial de vivir más allá de lo mediocre. Como lo escribieron Robert Kriegel y Louis Patler en *Si no está roto rómpalo*: «No tenemos idea de cuáles son los límites de las personas. Todas las pruebas, cronómetros y líneas de llegada del mundo son incapaces de medir el potencial humano. Cuando una persona busca su sueño, llegará mucho más allá de lo que parecen ser sus limitaciones. El potencial que existe dentro de nosotros es ilimitado y en su mayor parte, pasa desaprovechado... cuando piensas en límites, lo que haces es crearlos».[14]

CAPTURA TU SUEÑO

Los sueños tienen un poder enorme. Mary Shelley, autora de *Frankenstein*, observó: «Mis sueños eran todos míos. No rendí cuenta por ellos a nadie. Eran mi refugio cuando me sentía fastidiada, y mi placer más querido cuando me sentía libre». Si tienes un sueño y no estás tratando de vivirlo, entonces el primer lugar en el que necesitas mirar para averiguar por qué, es dentro de ti mismo. O estás cultivando un sueño que no es realmente tuyo, o no has tomado posesión del que tienes.

Dios ha colocado un sueño en tu interior. Es tuyo y de nadie más. Declara lo único que eres; alberga tu potencial. Sólo tú puedes hacer que cobre vida; sólo tú puedes vivirlo. No descubrirlo, no hacerte responsable de él y no actuar en consecuencia es afectar negativamente no sólo a ti mismo, sino también a los que se beneficiarían de tu sueño.

El poeta John Greenleaf Whittier escribió: «De todas las palabras tristes pronunciadas o escritas, las más tristes de todas son éstas: Podría haber sido». Cuando estés en el ocaso de tu vida y mires hacia atrás, ¿sentirás que viviste la vida plenamente, luchando por cumplir tu propósito y convertir tu sueño en realidad? ¿O sentirás que viviste meramente para satisfacer las expectativas de tus padres, tu cónyuge o tus amigos? ¿Qué habrás hecho con este don de la vida? Si piensas que esa pregunta será importante en aquel momento, debiera ser importante para ti ahora. El primer paso para poder responderla bien es tomar posesión de tu sueño y prepararte para avanzar.

ES ESTE SUEÑO REALMENTE MI SUEÑO?

Si tu respuesta a la pregunta de la posesión no es un sí rotundo, entonces hay dos cosas que debes hacer: (1) más te vale conectarte contigo mismo y con tus sueños, y (2) desarrollar suficiente confianza para tomar posesión de tu sueño. Para comprenderte mejor a ti mismo, responde a las preguntas siguientes:

> ¿Qué haría si no tuviera limitaciones?
> ¿Qué haría si sólo me quedaran cinco años de vida?
> ¿Qué haría si tuviera recursos ilimitados?
> ¿Qué haría si supiera que no puedo fracasar?

Después de responder a estas preguntas de modo meditabundo y honesto, dedica tiempo a la reflexión callada para comprender mejor tu sueño. Cuando creas que lo has descubierto, consulta a personas de tu confianza para verificar que sea coherente con tus talentos, habilidades e historial. ¡Pero ten cuidado! Si estás rodeado de personas negativas que no ven tu potencial, ellas podrían no ser buenos jueces de tus habilidades.

Si la falta de confianza es tu problema, escucha el consejo del presidente de la Cámara de Representantes y antiguo legislador del estado de Ohio, Les Brown, que escribió en su libro *Live Your Dreams* [Vive tus sueños]. Él sugiere que te preguntes:

> ¿Cuáles son mis dones?
> ¿Cuáles son cinco cosas que me agradan de mí mismo?

¿Cuáles personas me hacen sentir como un individuo especial?
¿Cuál momento de triunfo personal recuerdo?

Él cree que una persona que se hace estas preguntas aumenta su aprobación propia. «Averigua qué es lo que quieres y luego búscalo como si tu vida dependiera de ello», declara Brown. «¿Por qué? ¡Porque así es!»

CAPÍTULO 2

La pregunta de la claridad:
¿Puedo ver mi sueño claramente?

*Danos una visión clara para que sepamos
dónde estar y a favor de qué estar.*

—PETER MARSHALL

En el verano del 2007, Mike Hyatt y otros amigos me acompañaron a Irlanda para pasar unos días jugando al golf. Mike se ha dedicado a la publicación desde sus días universitarios y ha hecho casi de todo en esa industria en una u otra época. Ha sido autor, agente, editor y hasta fundador de una editorial. Mike es un líder excepcional. Hoy día sirve como presidente y director de la junta ejecutiva de Thomas Nelson Publishers.

Disfruto jugar al golf. Aunque no soy mucho mejor que un jugador promedio, me encanta estar en campos hermosos y me gusta el ejercicio. Pero también creo que los partidos de golf son excelentes momentos para edificar relaciones y hasta conducir algunos negocios. Temprano una mañana en Irlanda me encontraba hablando con Mike y le mostré mi bosquejo básico de *¡Vive tu sueño!* Después de leerlo, me dijo inmediatamente: «John, tienes que incluir un capítulo sobre la importancia de tener una visión clara. Si no tienes claridad, no tienes nada». Y luego comenzó a referirme una historia de una de sus experiencias.

UNA OPORTUNIDAD DE TODA LA VIDA

En julio del año 2000, el jefe de Mike en Thomas Nelson renunció inesperadamente. En aquella época, Mike era el editor asociado de Nelson Books, la división de libros comerciales de la empresa, y le extendieron la invitación a tomar el cargo de su antiguo jefe como editor.

—Sabía que nuestra división estaba en mal estado —explica Mike—. Pero no sabía lo mal que realmente estaban las cosas hasta que me convertí en el editor. Tuve que respirar profundo y empezar a evaluar la realidad. Esto fue lo que descubrió Mike:

❖ *La suya era la menos rentable de las catorce divisiones de la empresa.* De hecho, su división en realidad había *perdido* dinero en el último año. Las personas en las otras divisiones murmuraban sobre cómo su división estaba impactando negativamente a toda la empresa.

❖ *Los ingresos de la división no habían aumentado por tres años.* Además, habían perdido recientemente a su autor de más éxito que firmó con otra casa editora, lo cual hacía aun menos posible aumentar los ingresos.

❖ *Su división era la menos eficiente en el uso del capital circulante en Thomas Nelson.* Como porcentaje de los ingresos, las erogaciones en materia de inventario y regalías eran las más altas de la empresa, pero proporcionaban prácticamente ganancias nulas a los accionistas.

◈ *Todos en la división se sentían exhaustos.* La división estaba publicando 125 títulos nuevos al año con sólo diez empleados. Todos estaban sobrecargados de trabajo, y la calidad del trabajo lo ponía en evidencia.

Mike dice: —Las cosas no podían haber estado peores. Sin embargo, como nuevo ejecutivo en la división, reconocí que las cosas no podían estar mejores para mí. Era una gran oportunidad para mi carrera. Si lograba darle vuelta a la división, sería un héroe. Si no, eso también estaría bien. Después de todo, la división ya era un desastre cuando la heredé. No podía perder.

En ese punto, la mayoría de los ejecutivos habría convocado una junta grande de estrategia para tratar de sacar a la organización del atolladero en el cual se encontraba. No así Mike. A través de los años, él había aprendido que cuando las personas piensan en el *cómo* prematuramente, perjudican su potencial. Eso realmente inhibe sus sueños e impide pensar tan grande como podrían hacerlo. Él sabía que el logro de un sueño depende de la claridad de la visión.

—Lo que necesitas es una visión tan grande que sea convincente —explica Mike—, no sólo para los demás, sino para ti mismo. Si no es convincente, no tendrás la motivación para mantener el rumbo, y no podrás reclutar a otros que te ayuden. La visión y la estrategia son importantes, pero hay un orden de prioridad entre ellas. La visión siempre viene primero. Siempre. Si tienes visión clara, eventualmente atraerás la estrategia adecuada. Si no tienes visión clara, no habrá estrategia que te salve. He visto esto una y otra vez tanto en mi vida profesional como en la personal.

> «Si tienes visión clara, eventualmente atraerás la
> estrategia adecuada. Si no tienes visión clara,
> no habrá estrategia que te salve».
>
> —MIKE HYATT

Entonces, ¿qué hizo Mike para obtener un cuadro claro de lo que quería lograr?

—Lo primero que hice fue irme a un retiro privado —dice—. Tenía un objetivo en mente. Quería tener una visión clara como el cristal. ¿Qué deseaba ver que sucediera? ¿Cómo se veía la división en tres años? No me importaba la estrategia; sólo me preocupaba la visión. Si hubiera sido estratégico antes de ser visionario, tal vez habría dicho: «No veo manera en la cual podremos lograr mucho. La situación es tan difícil. No contamos con muchos recursos con qué trabajar. Tratemos al menos de quedar tablas en este próximo año. Tal vez podremos reducir nuestro capital circulante si vendemos algo de nuestro inventario obsoleto. Y tal vez lograremos firmar contrato con unos cuantos autores nuevos y aumentar nuestros ingresos un poquito».

—¿Crees que alguien se hubiera entusiasmado con esto? ¿Habría atraído esta visión a los autores correctos? ¿Habría retenido a los empleados correctos? ¿Habría asegurado recursos adicionales a la empresa? Creo que no. El problema es que la gente se atora en el *cómo*. No ven cómo es posible lograr mucho más, así que recortan su visión, convencidos de que hay que ser realistas. Y lo que esperaban se convierte entonces en su nueva realidad.

Mike fue sumamente sabio. Hay que identificar el objetivo antes de intentar alcanzarlo. Hay que saber cómo se ve el panorama antes de poder pintarles un cuadro del mismo a los demás. Hay que ver el sueño con claridad antes de tratar de lograrlo. Si no ves tu sueño con claridad, o si te dejas abrumar por restricciones reales o imaginadas, te limitas a ti mismo. Si vas a soñar, más vale soñar en grande. Eso es lo que hizo Mike. Durante su retiro, laboró en forjar una declaración de su visión, algo que sonara convincente. Después de todo, si a él no le entusiasmaba, entonces nadie más en su división se entusiasmaría. Se concedió el permiso de visualizar el futuro perfecto. Luego escribió una imagen clara de su visión. Esto fue lo que escribió:

Declaración de Visión

Nelson Books es la proveedora más grande y respetada de libros de carácter inspirador del mundo.

1. *Tenemos diez autores de carrera cuyos libros nuevos venden por lo menos 10,000 copias en los primeros 12 meses.*

2. *Tenemos diez autores emergentes cuyos libros nuevos venden por lo menos 50,000 copias en los primeros 12 meses.*

3. *Publicamos 60 títulos nuevos por año.*

4. *Nuestros autores reclutan a otros autores en nombre nuestro porque se sienten tan entusiasmados de trabajar con nosotros.*

5. *Los agentes más prestigiosos periódicamente nos traen a sus mejores autores y propuestas debido a nuestra reputación de éxito.*

6. Colocamos por lo menos cuatro libros por año en la lista de éxitos de venta del New York Times.

7. Colocamos sistemáticamente más libros en la lista de éxitos de venta de libros cristianos que nuestra competencia.

8. Excedemos sistemáticamente nuestro presupuesto en cuanto a ingresos y a contribuciones al margen de ganancias se refiere.

9. Nuestros empleados se hacen merecedores sistemáticamente de las bonificaciones máximas.

10. Somos la división de crecimiento más acelerado y más rentable de la empresa.

El cuadro que Mike pintó del futuro era sumamente específico. ¡Esa es la forma de darle claridad a un sueño!

Cuando Mike regresó a la oficina, convocó a todo su personal a una reunión. Lo primero que hizo fue describir la situación actual. Fue brutalmente honesto y no suavizó ningún aspecto. Luego compartió su sueño, y lo describió con tanto detalle como le fue posible. Debido a que tenía una visión clara, su gente pudo verla. Debido a que era convincente, la mayoría también pensó que era convincente. Él pudo percibir su entusiasmo, y la mayoría de ellos pronto se unió al movimiento.

Pero describir meramente la visión para los demás no bastaba. Él sabía que necesitaba mantenerla clara en su mente continuamente, así que leía su declaración de visión todos los días. Pensaba en ella todo el tiempo, oraba por ella y soñaba con ella.

Otros empezaron a preguntarle: «¿Cómo piensas lograr esto?» Al principio, su respuesta era: «No estoy seguro, pero me siento confiado de que sucederá. Sólo observa». Y por mantenerse enfocado en la visión, una estrategia empezó a emerger. Sin embargo, su enfoque principal no era la estrategia, sino el sueño. Mike dice: «Pasé mucho más tiempo, probablemente diez veces más, enfocado en el *qué*, en lugar del *cómo*».

Mike anticipaba que la transformación de la división tomaría no menos de tres años. Sorprendentemente, él y su equipo lograron darle vuelta casi completa en apenas dieciocho meses. Para entonces, habían excedido casi todos los aspectos de la visión.

—Esto no sucedió como resultado de tener una magnífica estrategia de negocios —declara Mike—. Sucedió porque teníamos una visión clara de lo que queríamos lograr. Allí empezó, y allí es donde hay que empezar si quieres experimentar una realidad diferente de la que tienes ahora. Necesitas tener claro lo que quieres.

Desde el 2002, Nelson Books ha sido sistemáticamente la división de crecimiento más rápido y más rentable de Thomas Nelson Publishers. Ha sido el hogar de la mayor parte de los autores más exitosos de la empresa, produciendo un éxito de ventas tras otro. Eso no fue por accidente. Tampoco fue accidente que Mike fuera promovido de jefe de aquella división a presidente y luego a director de la junta ejecutiva de toda la organización. Hoy Thomas Nelson es la casa editorial de material de carácter inspirador más grande del mundo, y la sexta editora en capacidad de Estados Unidos. Y continúa teniendo mucho éxito, aun cuando otras empresas en la industria se encuentran enfrentando épocas difíciles. ¿Por qué? ¡Porque el sueño que Mike y el resto de las personas en Thomas Nelson tienen para la empresa está claro como el cristal!

¿ESTÁ TU SUEÑO ENFOCADO?

¿Puedes ver tu sueño con claridad? Los sueños claros y convincentes han rescatado a muchas organizaciones en problemas. Han dado significado y trascendencia a las vidas de muchos individuos. Todo lo que Mike me dijo en cuanto a la claridad del sueño resonó profundamente en mi ser. Cada vez que he logrado algo significativo en mi vida, el sueño era muy claro para mí de antemano. Sabía por lo que estaba luchando.

Si quieres lograr un sueño, podrás hacerlo únicamente si puedes verlo con claridad. Es necesario que lo definas antes de poder seguirlo. La mayoría de las personas no hacen eso. Siguen teniendo un sueño, borroso y poco específico. Como resultado de ello, nunca se convierte en realidad.

Seguir un sueño que no se tiene claro es como si una persona que es aficionada a las películas de vaqueros se lanzara a un viaje al oeste, conduciendo hacia ese rumbo, con la esperanza de toparse con algo interesante. En lugar de ello, esa persona necesitará convertir esa noción vaga en pasos específicos, y decir algo como: «Quiero visitar el Museo Nacional de Vaqueros y Legado del Oeste en Oklahoma City, y luego viajar a Arizona a visitar el O.K. Corral en Tombstone, visitar Old Tucson para ver dónde se filmó la película *Río Bravo*, mi película de vaqueros favorita, y ver el hermoso Monument Valley, donde se filmaron películas tales como *La diligencia* y *Érase una vez en el oeste*». ¡Eso sí puede lograrse!

Si quieres cumplir tu sueño, es necesario que lo enfoques. Al hacerlo, hay algunas cosas que deberás tomar en cuenta:

1. UN SUEÑO CLARO CONVIERTE UNA IDEA GENERAL EN UNA ESPECÍFICA

Cuando les pido a las personas que describan su sueño, muchos titubean y balbucean en el intento de poner en palabras una noción vaga que han alimentado pero nunca definido. Un sueño que no está claro nunca te ayudará a llegar a ningún lado.

¿Qué es lo que quieres lograr? ¿Qué quieres experimentar? ¿Con qué quieres contribuir? ¿Quién quieres llegar a ser? En otras palabras, ¿cómo se ve el éxito en *tus* ojos? Si no lo defines, no podrás llegar donde quieres ir.

Suena demasiado sencillo, pero una de las razones principales por las cuales muchos no *consiguen* lo que desean es porque no *saben* lo que desean. No han definido su sueño con detalles claros y convincentes. Como lo afirma el actor y autor Ben Stein: «El primer paso indispensable para obtener lo que quieres en la vida es decidir qué es lo que quieres».

> *«El primer paso indispensable para obtener*
> *lo que quieres en la vida es decidir qué es lo que quieres».*
> —BEN STEIN

Decidir lo que quieres requiere que seas específico y que te pongas metas que puedan evaluarse. Por ejemplo, examina estas nociones vagas expresadas en forma más específica:

IDEA GENERAL	META ESPECÍFICA
Quiero perder peso.	Pesaré 80 kg. para el 1° de junio.

Necesito tratar mejor mis empleados	Honraré a alguien cada lunes en la reunión de personal.
Quiero salir de mis deudas.	Cancelaré todos los saldos de mis tarjetas de crédito para el 31 de diciembre.
Me gustaría aprender otro idioma.	Estudiaré chino una hora al día este año.
Debiera ponerme en forma.	Nadaré una hora al día.
Necesito mejorar mi liderazgo.	Leeré un libro sobre liderazgo al mes.

Un sueño no tiene que ser efímero. Aun un sueño verdaderamente audaz puede ser concreto. A principios de la década de los 60, el presidente John F. Kennedy puso un sueño grande en forma concreta cuando dijo: «Esta nación deberá comprometerse a lograr la meta, antes del cierre de esta década, de llevar a un hombre a la luna». Albert Siepert, quien previamente fuera vicedirector de operaciones de lanzamiento del Céntro Espacial Kennedy, afirmó: «La razón por la cual la NASA logró el éxito es porque tenía una meta claramente definida, y expresó su meta». Cuando empiezas a pensar en tu potencial y a concebir ideas sobre tu futuro, es buena idea dejarte ir y pensar en grande. Pero cuando llega el momento de convertir tu sueño en realidad, hay que tornarse específico.

Ser específico no significa que hay que completar hasta el más mínimo detalle antes de avanzar; eso sería un error. La idea grande tiene que estar clara, el resto se desarrolla según avanzas, y haces ajustes sobre la marcha. No obstante, debes tratar de ser lo más específico que puedas en cuanto al sueño principal.

Por años he alentado a los líderes a añadir valor a sus empleados, a edificarlos y motivarlos para ayudarles a lograr el éxito. Añadir valor a los demás es un don natural para mí, pero no lo es para muchos, y he podido ver a algunos luchando por hacerlo. Debido a que he deseado ayudar a otros en esta área, me di cuenta de que me era necesario ser específico y escribir en cuanto a este tema. El resultado fue un libro que escribí junto con Les Parrot, titulado *25 maneras de ganarse a la gente: Cómo hacer que las personas se sientan muy valiosas.* Explica prácticas que ayudan a las personas a añadir valor a los demás. Ahora no sólo estoy alentando a individuos a que añadan valor a otros, sino que estoy ayudándoles a que lo hagan.

2. Un sueño claro no llega a aclararse sin esfuerzo

No se requiere de mucho esfuerzo para dejar que tu mente divague y sueñe. Sin embargo, se requiere de un *gran* esfuerzo para fijar la mente en la tarea de desarrollar un sueño claro y convincente. Mike Hyatt dice que cuando tomó aquel retiro para obtener una visión clara para su división, buscó un lugar solitario y llevó un bolígrafo y un diario. Empezó el proceso describiendo por escrito la realidad que enfrentaba. Fue brutalmente honesto, y escribió todo lo que no le gustaba. Sólo entonces se propuso escribir en detalle lo que deseaba ver en el futuro, no sólo como un sueño vago de éxito o mejoría. Hasta lo escribió en tiempo presente para hacer que el sueño fuese más concreto y verosímil.

Dedica el esfuerzo a traer claridad a tu sueño usando tus propios elementos y métodos. Si eres como Mike, puedes buscar una cabaña retirada con nada más que un bolígrafo y papel. Por otro lado, yo necesito sugerencias para dirigir mis pensamientos en el rumbo correcto. Tal vez a ti te ayuden también. Estos son unos cuantos puntos esenciales que traigo a la tarea de aclarar mi sueño...

◈ *Preguntas.* Para mí todo el proceso empieza con preguntas que debo hacerme a mí mismo. El sueño siempre está arraigado en el soñador, en sus experiencias, circunstancias y oportunidades. Me pregunto lo siguiente:

> ¿Qué estoy sintiendo? — ¿Qué me dicen mis emociones?
> ¿Qué percibo? — ¿Qué me dice mi intuición?
> ¿Qué veo? — ¿Qué está sucediendo a mi alrededor?
> ¿Qué oigo? — ¿Qué dicen los demás?
> ¿Qué estoy pensando? — ¿Qué me dicen mi intelecto y mi
> sentido común?

Si puedo tener un buen sentido de dónde me encuentro, lo que sé y lo que quiero, voy rumbo a aclarar mi sueño.

◈ *Recursos.* Muy raras veces trato de pensar, crear o soñar en un vacío. Creo firmemente en usar instrumentos que me ayuden. A veces esto significa leer un libro, escuchar un mensaje grabado, ver una película, o leer citas célebres. Otras veces significa tener una fotografía o un objeto delante para ayudarme a soñar. Más de una vez he mantenido una fotografía en el escritorio de mi oficina por un año o más para poder ver un sueño con mayor claridad.

◈ *Experiencias.* Hace años, cuando mi sueño era edificar una iglesia influyente en Estados Unidos, reforcé y aclaré esa visión por medio de visitar a congregaciones en todo el país que ya eran influyentes. También he visitado lugares históricos o el hogar de algunos de mis héroes buscando inspiración. Tales experiencias me ayudan a soñar en grande y con mayor claridad.

⬧ *Personas.* Cuando sueño, pienso en las personas que ya han estado donde quiero ir. Por tres años me reuní con líderes que ya estaban haciendo lo que yo quería hacer para aprender de ellos. Esas interacciones me dieron confianza, me inspiraron a soñar más en grande y aguzaron la imagen de mi sueño. Escucharlas compartir los detalles de su viaje puede ayudarte a descubrir los detalles del tuyo.

Si ya has descubierto un proceso para darle claridad a tu sueño, entonces utilízalo. Si no, prueba el mío, o haz lo que hizo Mike Hyatt. No importa cómo acometas la tarea, recuerda esto: es un proceso. El cuadro claro de un sueño podría llegarte de una sola vez, como un relámpago, pero para la mayoría de las personas no funciona así. La mayoría tiene que seguir laborando en él, aclarándolo y dibujándolo de nuevo. Si el proceso resulta difícil, eso no es razón para darte por vencido. De hecho, si es demasiado fácil, tal vez no estás soñando suficientemente en grande. Sigue trabajando en él porque vale la pena luchar por un sueño claro.

3. UN SUEÑO CLARO AFIRMA TU PROPÓSITO

Si has respondido a la pregunta de la posesión verificando que tu sueño es realmente tuyo, entonces trabajar por aclararlo debiera reforzar el trabajo que ya has hecho. Darle enfoque debiera confirmar la sensación de que avanzas en el rumbo correcto, y debiera fortalecer tu sentido de propósito.

He hallado que esto es cierto en mi vida. En mis esfuerzos por aclarar mi sueño, descubrí que cuanto más claro lo veía, tanto más claro podía ver mi propósito. Eso es verdad, creo, porque el sueño y el propósito de un individuo están entrelazados entre sí. Dios nos ha diseñado de modo que *deseemos* hacer lo que somos más capaces de hacer. Debido a esto, cuando visité iglesias que estaban teniendo impacto, algo resonó en mi interior. Sentí que pertenecía a lugares como ese, y cuando entrevisté a los líderes de éxito en esas iglesias, percibí que yo también podía llegar a ser uno de ellos. En cierto modo, era una situación extraña. Estaba atizando las llamas de mi imaginación, haciéndome soñar aun más en grande, y al mismo tiempo confirmaba la realidad de que estaba en el rumbo correcto. Podía ver un cuadro de mi sueño, ¡y podía verme a mí mismo en el cuadro!

> *En mis esfuerzos por aclarar mi sueño,*
> *descubrí que cuanto más claro lo veía,*
> *tanto más claro podía ver mi propósito.*

Cuando tu sueño está alineado con tu propósito, lo sabes. Eso sucedió con el cineasta Steven Spielberg. Cuando cursaba el bachillerato, soñó con dirigir películas. —Quiero ser director —le dijo a su padre Arnold.

—Bueno —le respondió su padre—, si quieres ser director, tienes que empezar desde el fondo; tienes que empezar como mandadero y de allí subir.

—No, papá —replicó el joven Spielberg—, en la primera película que haga, seré el director. Y lo fue.

«Eso me dejó maravillado», dice su padre. «Eso requiere agallas». Arnold Spielberg quedó tan impresionado con la ambición y confianza de su hijo, que financió su primer filme, *Firelight*, una película de ciencia ficción y suspenso que debutó en un pequeño teatro de Phoenix, Arizona. Durante la filmación, el joven Spielberg dijo a sus colaboradores: «Quiero ser el Cecil B. DeMille de la ciencia ficción». Esa no es una mala descripción de lo que ha llegado a ser, luego de haber producido o dirigido *Parque Jurásico, Hombres de negro, Transformers, E.T. El extraterrestre, Sentencia previa [Minority Report], Volver al futuro, Gremlins, Encuentros cercanos del tercer tipo*, y otras películas de ciencia ficción. Spielberg tenía su sueño muy claro, y el poder de esa claridad le ayudó a lograrlo.

Cuando pongas tu sueño a prueba y busques darle claridad, tenerlo alineado con tu propósito transformará tu vida. ¿Por qué? Porque te dejará claro por qué te encuentras aquí en la tierra. Si no percibes esa alineación y fortalecimiento de tu propósito, tal vez debas regresar a la pregunta de la posesión y asegurarte que tu sueño sea realmente el tuyo.

4. Un sueño claro determina tus prioridades

Puente sobre el Río Kway, ganadora del Óscar como mejor película de 1957, es considerada por muchos como una de las mejores películas jamás filmadas. El personaje principal, el Coronel Nicholson, representado por Alec Guiness, que también recibiera el Óscar como mejor actor en ese mismo año, es un caso clásico de prioridades fuera de lugar. Nicholson es un hombre admirable y un líder duro que es capturado por los japoneses durante la Segunda Guerra Mundial, y resulta ser el oficial de más alto rango en el campo de prisioneros en Birmania. Sus captores japoneses tratan de obligarle a dirigir a sus compañeros de prisión en la construcción de un puente ferroviario. Al principio, Nicholson se resiste heroicamente, pero con el paso del tiempo, cede y empieza el proyecto de construcción. Eventualmente se enorgullece tanto del trabajo que sus hombres realizan en la construcción del puente, que pierde de vista su verdadero objetivo: derrotar a los japoneses y ganar la guerra.

Al final de la película, hay un momento en el cual Nicholson hasta llega a proteger el puente contra un ataque por un oficial aliado que ha colocado cargas para volarlo. Pero en una ráfaga retrospectiva durante su último aliento, dice: «¿Qué he hecho?» Su último acto es detonar los explosivos y volar el puente.

Es muy fácil dejarse llevar en el proceso diario de la vida al punto de que se pierde de vista el cuadro completo. Sin embargo, si tu sueño está claramente a la vista, te ayuda a ordenar tus prioridades. Aunque he enseñado esta verdad por treinta años, hay veces que yo mismo necesito recordarlo. Eso me sucedió en diciembre de 2007 cuando acudí al hospital porque sentí un mareo. Después de dos días de pruebas, me informaron que tenía irregularidades en mi ritmo cardíaco.

El doctor Crandall, mi nuevo cardiólogo, visitó mi habitación en el hospital para hablarme acerca de mi salud. Sabía lo que iba a decirme. No había estado cuidando de mi dieta por algún tiempo. Así que en un esfuerzo por mostrarle que ya sabía lo que tenía por delante, le dije: —Dr. Crandall, sé que necesito hacer algo para controlar mi peso.

—No, no necesitas controlar tu peso —respondió él, para mi sorpresa. Por un momento albergué esperanzas. —Necesitas *perder* peso. John, ¡estás gordo! Después de que hayas perdido un montón de peso, ¡*entonces* podrás controlarlo! Durante los quince minutos que duró nuestra conversación, me dijo una docena de veces que estaba gordo. Él quería asegurarse de presentarme el cuadro con gran *claridad*.

Al tener el problema enfocado y el sueño de permanecer saludable para que pueda continuar pasando tiempo con la familia, mis prioridades quedaron muy claras. Haría lo que fuera necesario para llegar a un peso saludable. Eso significaba cambiar mis prioridades y desarrollar un nuevo patrón de vida, lo cual dictaminaría lo que haría en el futuro. Hasta segundo aviso, consumiría no más de mil seiscientas calorías por día, y haría ejercicio por no menos de una hora al día. Si quería lograr mi sueño de tener una vida larga y saludable, me era necesario realinear mi vida según esas prioridades.

Nadie puede tenerlo todo. Nos gusta pensar que sí, pero no podemos. Si ves tu sueño con claridad, y lo mantienes continuamente delante de ti, te ayudará a comprender lo que debes sacrificar y aquello a lo que debes dedicarte para seguir avanzando.

Solamente si tienes un cuadro claro de quién eres y dónde quieres llegar podrás priorizar lo que necesitas hacer. Todos tomamos decisiones. La pregunta es: ¿Tomarás decisiones que te acercarán a tu sueño o que te alejarán de él? Si no sabes exactamente cuál es tu sueño, no serás capaz de tomar las decisiones acertadas. La claridad de visión crea claridad de prioridades.

> *La claridad de visión crea*
> *claridad de prioridades.*

5. Un sueño claro da dirección y motivación al equipo

Tu sueño grande indudablemente requerirá de la participación de otras personas. Si formas parte de una organización que tiene metas o una visión, entonces te será necesario trabajar con los demás para lograrlas. De cualquier modo, deberás ser capaz de trabajar con un equipo. Eso puede lograrse de modo eficaz únicamente cuando tienes un cuadro claro de lo que quieres lograr.

Jim Tunney, autor y antiguo árbitro de la Liga Nacional de Fútbol Americano (NFL), dice que muchas organizaciones comerciales fracasan en el cumplimiento de las metas que habían fijado porque no definen sus objetivos con claridad. «Si los empleados no comprenden las metas de su empresa y su plan de acción», observa, «esas metas quedarán sin lograrse». Continúa señalando que el deporte del fútbol americano nunca pierde la claridad de sus objetivos. «Sus objetivos siempre se definen con claridad», afirma Tunney. «Al final del campo hay una línea de meta. ¿Por qué le llamamos línea de meta? Porque los once miembros del equipo ofensivo se unen con un solo propósito: cruzar la línea de meta con la bola. Cada uno tiene una tarea específica que cumplir: el mariscal de campo, el receptor, cada defensor de línea, cada jugador sabe exactamente cuál es su responsabilidad. Aun el equipo defensivo tiene sus metas también: impedir que el equipo ofensivo logre su meta».

El pastor, escritor y editor Ed Rowell dice: «Un sueño es un mejor futuro en busca de un arquitecto que muestre a otros cómo convertirlo en realidad». Si eres un líder, es necesario que seas ese arquitecto. Es necesario que identifiques el sueño y que seas capaz de dibujarlo, no sólo por tu beneficio, sino por el de los demás. Una noche en Dallas cené con un arquitecto cuyo nombre es John Fleming. Me dijo: «Si eres un arquitecto, no puedes empezar un proyecto de construcción hasta haberlo terminado». Con eso, quiso decir que si eres el visionario, el líder, tienes que saber el final antes de empezar. Tienes que poder verlo. Si no, tu equipo nunca podrá cumplir tu visión.

Como líder y mentor de líderes, pienso continuamente sobre cómo comunicar una visión a otros. Si los líderes crean un cuadro borroso, entonces los demás los seguirán de manera igualmente borrosa. La falta de claridad obstaculiza la iniciativa, inhibe la persistencia y socava el seguimiento. Los seguidores no entregan lo mejor de sí a algo que no comprenden. Las personas no perseveran en el rumbo por algo que no pueden ver. Nadie se siente motivado por algo en lo que más o menos, quizás cree.

> *Los seguidores no entregan lo mejor de sí a algo*
> *que no comprenden. Las personas no perseveran en el*
> *rumbo por algo que no pueden ver. Nadie se siente motivado*
> *por algo en lo que más o menos, quizás cree.*

Me encanta la historia de cómo cierto entrenador de atletismo comunicaba la meta a sus corredores antes de una carrera. Justo antes del disparo de partida, acostumbraba decir: «Sigan corriendo hacia la izquierda y regresen aquí lo antes posible». ¡Más claro no canta un gallo!

Cada vez que un equipo, departamento u organización no puede ver el cuadro claro de lo que está buscando lograr, está destinado a desviarse. Enfrenté esa realidad en 1981, cuando fui nombrado pastor principal de la iglesia Skyline Wesleyan Church. Aunque la congregación había experimentado crecimiento en el pasado, tenía años de estar estancada. Rápidamente percibí que el liderazgo había perdido el rumbo. Siguiendo mis instintos, pedí a cada miembro de la junta directiva que escribiera el propósito que tenía esa iglesia en una ficha. Mis sospechas quedaron confirmadas cuando leí las fichas y pude constatar que los diecisiete miembros de la junta habían escrito diecisiete respuestas diferentes.

La energía de la iglesia estaba desenfocada, y la dirección no estaba clara. ¿Por qué? Porque los líderes de la organización no compartían un sueño en común. Con razón no les era posible avanzar. En los seis meses que siguieron definimos nuestros valores principales y nuestra visión en común. A medida que el sueño para nuestra iglesia fue quedando en claro, la energía del liderazgo aumentó, y los líderes con nuevo enfoque y nuevas fuerzas transmitieron esas cualidades al resto de la congregación. El resultado de ello fue que la congregación triplicó su tamaño en los diez años siguientes y tuvo un impacto significativo en la comunidad, lo cual era nuestro sueño.

SI PUEDES VERLO, PUEDES APROVECHARLO

La mayoría de las personas vagan por la vida. Carecen de un sueño claro, de un cuadro claro del destino que desean, y aun cuando se les presenta una oportunidad magnífica, no tienen la capacidad de verla y de edificar un sueño sobre ella.

En 1866 un aficionado a la geología observó a unos niños sudafricanos que jugaban con una piedra brillante. Intrigado, le pidió a la madre de los niños si podía comprarla. Ella le dijo que no tenía valor alguno y sencillamente se la entregó. Posteriormente, al examinarlo de cerca, se confirmó su corazonada: era un diamante. Él calculó su peso en veintiún quilates.[1]

Cuando otros se enteraron de este y de otros descubrimientos, un minerólogo escocés llamado James Gregory fue enviado a investigar. Él informó que Sudáfrica no era un lugar adecuado para la formación de diamantes. Especuló que los descubrimientos previos habían sido el resultado de avestruces, quién lo iba a decir, que habían ingerido las gemas en alguna tierra distante y las habían depositado en Sudáfrica con su estiércol.

Pocos días después de lanzado el informe de Gregory al público, se halló un diamante de ochenta y tres quilates en la zona que él había examinado. Hoy se le conoce como la Estrella de Sudáfrica, y lanzó la primera operación minera de la región que en la actualidad es la productora más grande de diamantes del mundo. ¿Qué sucedió con Gregory? Su nombre perdura, pero no como él lo habría querido. En la industria de los diamantes, cuando alguno exhibe un criterio malo, se conoce como «hacer un Gregory».[2]

Entre las personas que acudieron en masa a Sudáfrica durante la fiebre de los diamantes se hallaba Cecil Rhodes, un joven británico que soñaba con el éxito. Él y su hermano vieron el potencial de la minería de diamantes en la zona y compraron tantos terrenos como pudieron. También compraron una máquina de hacer hielo en Inglaterra, la cual trajeron a África para poder venderles hielo a los mineros que luchaban con el calor. Utilizaron sus ganancias para comprar más terrenos con posibilidades mineras. En la década de 1880, Rhodes fundó la empresa De Beers, la productora de diamantes más grande del mundo.[3]

¿Cómo describirías tu visión cuando se trata de tu sueño? ¿Aceptas ciegamente el estado actual de las cosas? ¿O miras las cosas con los ojos bien abiertos, buscando posibilidades mayores? Y cuando ves estas cosas, ¿tienes un deseo suficientemente serio de convertir un sueño en realidad como para ponerlo a prueba por medio de definirlo con claridad? ¿Estás dispuesto a describirlo en detalles, ponerlo por escrito y contárselo a otros?

> *Sólo aquellos que ven su sueño*
> *son capaces de aprovecharlo.*

Si no lo estás, entonces te has colocado en desventaja. Sólo aquellos que ven su sueño son capaces de aprovecharlo. Si puedes responder a la pregunta de la claridad con un sí porque ves tu sueño con claridad, entonces habrás aumentado significativamente las probabilidades de que un día llegues a hacer más que sólo ver tu sueño, ¡lo vivirás!

PUEDO VER MI SUEÑO CLARAMENTE?

Es hora de darle claridad a tu sueño, de darle detalle. Si tienes una idea general de tu sueño, podrías sentirte tentado a empezar a crear tu estrategia. No lo hagas aún. Como lo afirmó Mike Hyatt, es necesario tener una visión primero. Empieza por escribir una descripción detallada de tu sueño. Dale rienda suelta a tu imaginación. Escribe tantos elementos o partes de ella como puedas. No te detengas hasta que tengas más de lo que creas que necesitas.

Ahora cuantifica todo lo que puedas. Conviértelo en algo que puedas evaluar. No te preocupes de cómo llegarás allá. Sé osado, sé audaz, ¡sueña en grande!

El siguiente paso consiste en declarar tu sueño de modo conciso por escrito. Mike desglosó su sueño en diez elementos claros y capaces de ser evaluados. Haz algo similar con tu sueño. El número de elementos no importa, pues sencillamente debe corresponder con el sueño, pero trata de mantenerlo reducido.

No esperes ser capaz de terminar todo el proceso en una sola sesión. Para la mayoría de las personas, eso no es posible. En lugar de ello, dale tiempo. Tal vez quieras apartarte en un retiro para iniciar el proceso. Si puedes separarte de tu entorno habitual o de tu rutina por un par de días, podrías lograr la mayor parte de la tarea. De lo contrario, saca un día para soñar y luego retorna al proceso unas cuantas horas por vez en las semanas subsiguientes. No olvides tu meta de expresar tu sueño de la forma más clara y específica posible. Mantenlo delante de ti para que puedas verlo todos los días.

CAPÍTULO 3

La pregunta de la realidad:
¿Estoy dependiendo de factores bajo mi control para lograr mi sueño?

*La realidad... es enemiga de las fantasías
pero no de los sueños.*

—RUDY RUETTIGER

Los sueños, por definición, no están supuestos a empezar con la realidad. Se supone que sean fantásticos, increíbles, fuera de serie. Después de todo, nacen de esperanzas, deseos y posibilidades. Son producto de la imaginación y creatividad. No obstante, eso también presenta un problema. ¿Acaso vale la pena seguir un sueño si *no tiene posibilidades* de convertirse en realidad? Creo que no.

Muchos han sido engañados cuando se trata de los sueños. Han escuchado a padres, educadores y oradores decir cosas tales como: «Puedes ir tan lejos como te lleven tus sueños», o «Si lo crees, puedes lograrlo». Han leído las palabras de Edmund O'Neil, quien afirmó acerca de los soñadores: «Tienes la capacidad de lograr lo que buscas, dentro de ti está todo el potencial que puedas imaginar. Siempre apunta más alto de lo que creas que puedes lograr. Con frecuencia descubrirás que puedes lograr cualquier meta».

¡Qué patraña! No creo que eso sea cierto acerca de tus sueños, ni tampoco de los míos. Sí, hay que apuntar alto. Sin embargo, no tenemos la capacidad de lograr *cualquier cosa* que busquemos. No poseo la capacidad de lograr *todo* el potencial que me imagine. No creo que pueda lograr *cualquier* meta. Eso no es realidad.

El escritor Richard Bach afirma algo similar: «Nunca se te da un deseo sin que también se te conceda la facultad de convertirlo en realidad». Si piensas en eso aunque sea por un instante de modo racional, te das cuenta que no es cierto. En algún momento, casi todo niño sueña con ser capaz de volar como un ave. ¿No sería fantástico lograrlo? Pues eso no sucederá, no importa cuán claramente me lo imagine.

MENTALIDAD INCORRECTA EN CUANTO AL ÉXITO

Si dudas del hecho que la gente se traga estas promesas falsas, todo lo que tienes que hacer es ver el programa de televisión *American Idol*. Si lo has visto, sabes a qué me refiero. Decenas de miles de personas se inscriben para las eliminatorias de *American Idol*, pero usualmente sólo los mejores, y los peores, reciben la oportunidad de presentarse delante de los jueces, quienes escogen a concursantes para ganarse un contrato de grabación.

Algunos de los concursantes no tienen ni la más mínima idea en cuanto a sí mismos y sus habilidades. Desentonan, chillan, braman y aúllan. Entonces les dicen a todos lo orgullosos y ferozmente confiados que se sienten de su talento, aun los que nunca han cantado en público en su vida. Y cuando los jueces —un músico y productor profesional, una artista con seis discos que llegaron al primer lugar y un ejecutivo de un sello disquero (con un total combinado de sesenta años de experiencia)— les dicen que no tienen suficiente para avanzar, estos soñadores echan rabietas, escupen insultos y pronuncian: «¡Pues esas son *sus* opiniones! ¡Soy excelente!»

Tengo que admitir que algunas de las eliminatorias me resultan entretenidas, pero no puedo evitar preguntarme dónde se encuentran los amigos y familiares de los que hacen la audición. ¿No hay nadie que les haya dicho la verdad acerca de sí mismos? ¿Nadie les ha dado un toque de realidad? ¡Todos salvo los concursantes saben que carecen totalmente de los calificativos necesarios para alcanzar su sueño!

Creer en un sueño no basta. Quererlo con desesperación no basta. ¿Acaso no sienten pasión estos concursantes por su sueño? Sí. ¿Están comprometidos con su sueño? Sí, por lo menos en ese momento. ¿Lograrán su sueño de ser el ganador de *American Idol*? ¡No! ¿Por qué? Porque su sueño nunca ha tenido un encuentro con la realidad.

TALENTO, TRABAJO DURO Y UN SUEÑO

Contraste eso con la historia de Andy Hull, hijo de John Hull, presidente y director ejecutivo de EQUIP y de Injoy Stewardship Services. A Andy siempre le ha encantado la música. Su madre, Sharon, dice que Andy aprendió a cantar antes de aprender a hablar. Y mientras que los padres de familia usualmente tienen que hacer que sus hijos practiquen la música, Sharon tenía que hacer que él *se detuviera.*

Andy obtuvo su primera guitarra cuando tenía ocho años y naturalmente le puso dedicación, aprendiendo por sí solo a tocar los acordes. También tomó otros instrumentos y aprendió a tocarlos, tales como la trompeta y el piano, pero Sharon dice que parece tener una afinidad especial por los instrumentos de cuerda. No fue sorpresa alguna cuando formó su primera banda en el sexto grado. Él y sus amigos acostumbraban tocar en un depósito con paredes de hormigón que quedaba cerca de su casa en Toronto. Para los trece años de edad, él y un amigo componían regularmente canciones por teléfono, usando una grabadora para captar sus creaciones.

Cuando Andy llegó al bachillerato, estaba harto de la escuela. Estaba listo para dejar los estudios y buscar una carrera en música. La respuesta de su padre fue: «¿Cuál es tu plan?» Andy lo pensó un tanto y luego vino a sus padres con una propuesta: dejaría el bachillerato, estudiaría por sí mismo en casa durante su último año y durante ese tiempo grabaría un disco. Andy calculó que podría cumplir el trabajo escolar en aproximadamente dos horas al día. Eso le daría tiempo para componer canciones, formar una banda, levantar fondos para pagar por el tiempo del estudio de grabación y grabar un álbum. Sus padres accedieron y se entregó a la tarea. Tenía razón en cuanto al trabajo escolar, y ese año logró su meta de grabar un álbum, con la ayuda de una revista de música que le dio algo de dinero para la grabación.

Aunque no lanzó ese álbum al mercado, el proceso le enseñó mucho a Andy. Solidificó la banda, la cual bautizó con el nombre de Manchester Orchestra, aprendió acerca del negocio de la música y forjó un plan para avanzar. La mayoría de los músicos jóvenes se entusiasman tanto con firmar con un sello disquero que ceden todos su derechos y así pierden el control de su música para poder ganar una buena cantidad de dinero de partida. El sello disquero les da un adelanto y luego se espera que la banda trabaje duro para recuperar ese dinero. Si la banda no percibe las ganancias que el sello deseaba, el sello deja ir a la banda, y usualmente no se vuelve a escuchar de ella nunca más.

Andy tenía una idea diferente. No quería firmar un contrato grande y caer en esa trampa. En lugar de ello, quería lanzar su música en línea y edificar la afición por su banda por medio de giras. También quería crear y promover su propio sello disquero. Lo bautizó con el nombre *Favorite Gentlemen*, nombre inspirado por sus jugadores favoritos de los Bravos de Atlanta, el equipo de béisbol. (Andy es muy aficionado a los deportes y seguía a los Bravos luego de haberse trasladado a Atlanta en la década de 1990.)

Rechazó varias ofertas de sellos disqueros hasta que halló una que le pareció un buen trato: una asociación con uno que no sólo firmaría un contrato con la banda, sino también con el sello Favorite Gentlemen. Andy finalmente halló ese socio en Sony. Como parte del trato, recibió mucho menos dinero como avance pero retuvo mucho más control de su música, y recibió algo de dinero de Sony que pudo utilizar para contratar a otras bandas en su sello. La visión de Andy era crear una comunidad de artistas. Un ejecutivo le dijo a Andy que tenía el mejor plan comercial que jamás había visto en un chico de apenas diecinueve años.

Ahora que escribo estas palabras, Andy tiene veintiún años, es presidente de su sello disquero y ha contratado a diez bandas, las cuales han lanzado quince discos a la fecha. Manchester Orchestra produjo y lanzó su primer álbum, llamado *I'm Like a Virgin Losing a Child* (Soy como una virgen que ha perdido un hijo), y la banda se presentó en *The Late Show with David Letterman* y en *Late Night with Conan O'Brien*. En el 2007, Manchester Orchestra logró su meta de presentarse 250 veces durante el año, y para principios del 2008, el grupo se prepara para ir de gira por el Reino Unido por cuarta vez. También están trabajando en su segundo álbum.

Sharon, la madre de Andy, dice que todo lo que él ha deseado ha sucedido, y está listo para empezar a pensar en su próximo sueño grande. No me cabe duda de que será capaz de alcanzarlo.

SI ESTÁS DEPENDIENDO DE LA SUERTE, LO ÚNICO QUE PUEDO DECIRTE ES: «BUENA SUERTE»

Leí que el físico Niels Bohr, ganador del premio Nobel, tenía una herradura clavada en una pared de su oficina. Cuando un visitante observó: —Seguramente un científico como tú no cree en tales supersticiones —Bohr replicó—: Por supuesto que no, pero me han dicho que trae suerte, creas o no creas en ella.

> *Si tu sueño depende mucho de la suerte, entonces estás en aprietos. Si depende completamente de la suerte, entonces estás viviendo en la Tierra de la Fantasía.*

Si tu sueño depende mucho de la suerte, entonces estás en aprietos. Si depende *completamente* de la suerte, entonces estás viviendo en la Tierra de la Fantasía. Publio Siro, autor de máximas latinas, observó: «Es una cosa muy mala acostumbrarse a la buena suerte». Los soñadores de la peor clase, tal como los peores concursantes en *American Idol*, dependen casi completamente de la suerte para cumplir sus sueños. Tienen mentalidad de lotería. Creen que si de alguna manera se presentan en el lugar correcto, en el momento correcto con el número correcto, entonces ¡sorpresa! Su fantasía se convertirá en realidad.

¿No sería fabuloso si fuera así de fácil? Pero por supuesto que no lo es. El poeta y filósofo Ralph Waldo Emerson observó: «Los hombres superficiales creen en la suerte... Los hombres fuertes creen en causa y efecto».

> «Los hombres superficiales creen en la suerte... Los hombres fuertes creen en causa y efecto».
> —RALPH WALDO EMERSON

A medida que avanzas en la búsqueda de tu sueño, es necesario que te hagas la pregunta de la realidad: ¿Estoy dependiendo de factores bajo mi control para lograr mi sueño? Las personas que construyen sus sueños sobre la realidad tienen un enfoque muy diferente en cuanto a los sueños del que tienen las personas que viven en la Tierra de la Fantasía. Mira las diferencias en su enfoque para lograr sus sueños:

SOÑADORES ...	CONSTRUCTORES DE SUEÑOS...
Dependen de la suerte.	Dependen de la disciplina.
Se enfocan en el destino.	Se enfocan en el viaje.

Cultivan expectativas poco saludables.	Cultivan una inconformidad saludable.
Menosprecian el valor del trabajo.	Maximizan el trabajo que hacen.
Buscan excusas.	Conducen a la acción.
Crean inercia.	Generan impulso.
Engendran aislamiento.	Promueven el trabajo en equipo.
Esperan.	Inician.
Evitan los riesgos personales.	Aceptan los riesgos según sea necesario.
Responsabilizan a los demás.	Se hacen responsables.

Las personas que a la larga logran el éxito no dejan todo a la suerte. Se enfocan en lo que pueden hacer, y lo hacen. Uno de mis héroes es John Wooden, el ya jubilado y altamente exitoso entrenador de baloncesto de UCLA. Es un modelo perfecto de este tipo de enfoque en la vida. El entrenador Wooden no dejaba nada a la suerte. Antes de una práctica, escribía con detalle todo lo que sus jugadores harían en fichas. Empezó a hacer esto cuando era entrenador en South Bend Central College y continuó haciéndolo en Indiana State y UCLA. ¿Por qué se tomaba esa molestia? Porque no le gustaba desperdiciar el tiempo y no quería dejar el éxito del equipo a la suerte. Quería lograr sus metas por medio de la preparación.

Wooden ha dicho: «Le doy la bienvenida a la buena suerte tal como cualquier otro lo haría, pero trabajé duramente para evitar hallarme en una situación en la cual la suerte era necesaria para producir un resultado favorable, o en la cual la suerte de un adversario pudiera vencernos. Para mí, el residuo de un plan, la suerte, puede ser importante. Pero, por supuesto, mucho más importante es el plan».[1] El entrenador Wooden me dijo este principio en otras palabras cuando nos reunimos un día para almorzar. «John», me dijo, «nunca le quitamos el ojo a la bola de baloncesto para empezar a mirar la bola de cristal». Si quieres vivir tu sueño, es necesario que desarrolles una actitud similar, enfocándote en lo que puedes hacer y no en lo que otros, el destino o la suerte deben hacer para que logres el éxito.

LEE LA LETRA PEQUEÑA

La columnista Ann Landers escribió: «Las gafas de color rosa nunca vienen con lentes bifocales. Nadie quiere leer la letra pequeña de los sueños». ¿Cuál es la letra pequeña cuando de tus sueños se trata? La letra pequeña es la realidad. Si quieres lograr tu sueño, tendrás que leer la letra pequeña que se menciona en tantos refranes. Cuando lo hagas, estas son algunas de las cosas que hallarás:

> El viaje tomará más tiempo del que esperabas.
> Los obstáculos serán más numerosos de lo que creías.
> Los desencantos serán mayores que lo que suponías.
> Los puntos bajos serán más bajos de lo que imaginabas.
> El precio será más alto de lo que anticipabas.

Con todo eso en tu contra, ¡es imperativo que dependas de factores dentro de tu control para poder lograr tu sueño!

> *«Las gafas de color rosa nunca vienen con lentes bifocales. Nadie quiere leer la letra pequeña de los sueños».*
> —ANN LANDERS

Así como todo el que firma un contrato legal no puede darse el lujo de pasar por alto ni ignorar la letra pequeña, un individuo con un sueño no puede darse el lujo de pasar por alto ni ignorar la realidad. Si lo haces, son muy altas las probabilidades de que en algún punto de la búsqueda de tu sueño, la realidad te detendrá abruptamente en tu camino y no podrás dar un paso más en tu viaje.

¿CÓMO RESPONDES A LA REALIDAD?

Una de las grandes ironías de la vida es que es necesario estar conectado con la realidad y al mismo tiempo no permitir que nuestros sueños sean desechos. Dependiendo de quién seas y cuál sea tu sueño, eso podría ser cosa difícil o fácil. Cada persona es diferente.

El escritor y humorista Sam Levenson reflexionó sobre la experiencia de sus padres que habían soñado con venir a Estados Unidos. Declaró: «Mis padres son inmigrantes y cayeron bajo el hechizo de la leyenda estadounidense de que las calles estaban pavimentadas con oro. Cuando mi papá llegó, descubrió tres cosas: 1) Las calles no estaban pavimentadas con oro. 2) Las calles ni siquiera estaban pavimentadas. 3) Se suponía que él las pavimentara».

Los padres de Levenson asimilaron la realidad cuando llegaron a Estados Unidos. Las buenas noticias son que cuando confrontaron la realidad, no buscaron comprar un boleto de vuelta a su tierra natal. Avanzaron, empezaron a trabajar y forjaron una vida para sí mismos. Espero que tú hagas lo mismo.

No todos lo hacen. El ingenioso escritor Mark Twain opinó: «Primero obtén los hechos, y luego distorsiónalos como te plazca». Desgraciadamente, los sueños tienden a hacernos precisamente eso a muchos de nosotros. Nuestros deseos pueden ser tan fuertes que distorsionan nuestra imagen de la realidad. Eso es lo que sucede con muchos de los que hacen la prueba para concursar en *American Idol*. En lugar de cambiar ellos mismos, o cambiar sus sueños, esperan que la realidad cambie para ajustarse a ellos.

Cuanto menos realista sea tu sueño, más tentado te sentirás a depender de cosas que *no puedes* controlar para convertirlo en realidad. El truco consiste en equilibrar la osadía de soñar con la realidad de tu situación. Tienes que extenderte mucho más allá de lo que crees ser capaz, pero al mismo tiempo basar lo que haces en tus puntos fuertes y en otros factores dentro de tu control. Cuanto más te preocupen las cosas que no puedes controlar, menos harás por mejorar las cosas que *sí puedes* controlar. Y cuando haces eso, empiezas a vivir en la Tierra de la Fantasía.

> *Cuanto menos realista sea tu sueño, más tentado te sentirás a depender de cosas que no puedes controlar para convertirlo en realidad.*

ÉCHATE UNA MIRADA

Para lograr tu sueño no sólo hay que trabajar duro, sino que también hay que asegurarse que se apoye en tus puntos fuertes. Eso significa que tienes que saber lo que puedes y lo que no puedes hacer. Cuando la profesora de publicidad y relaciones públicas, Catherine B. Ahles, era vicepresidente de relaciones universitarias en el Macomb Community College, observó: «Dedicamos la mayor parte de nuestra segunda década descubriendo los cientos de cosas que podemos llegar a ser. Pero al madurar en nuestra tercera década, empezamos a descubrir las cosas que nunca llegaremos a ser. El desafío para nosotros al llegar a la cuarta década y más allá es unirlo todo, conocer nuestras capacidades y reconocer nuestras limitaciones, y ser lo mejor que podamos ser». Mi esperanza es que este capítulo te ayude a enfrentar la realidad de tus capacidades y limitaciones y que estas informarán a tus esfuerzos mientras formulas tu sueño y lo pones a prueba.

> *Cuanto más te preocupen las cosas que no puedes controlar, menos harás por mejorar las cosas que sí puedes controlar.*

¿HAS EDIFICADO TU SUEÑO SOBRE TUS VERDADERAS FORTALEZAS?

El primer paso para enfrentar la realidad exige que te mires de modo realista, que te veas como verdaderamente eres. Nathaniel Branden, psiquiatra y experto en el tema de la autoestima, afirma que no hay otro factor más decisivo para el desarrollo psicológico y la motivación de un individuo que las críticas de valor que hacen de sí mismos. Continúa diciendo que la naturaleza de la autoevaluación tiene un efecto profundo en los valores, creencias, procesos de pensamiento, sentimientos, necesidades y metas de una persona.

Si te han dicho que eres *capaz de todo* lo que te propongas en tu mente, y lo has creído, entonces no estás siendo realista de ti mismo. Por otro lado, si te han dicho que *nunca llegarás a ser nada*, y lo has creído, tampoco estás siendo realista. Necesitas reconocer las áreas en las cuales no tienes talento ni habilidad *y* ver el potencial verdadero en tus áreas fuertes. Debes poder ver el cuadro completo, y debes seguir tu sueño apasionadamente por medio de edificar sobre tus puntos fuertes. ¿Sabes cuáles son tus puntos fuertes? ¿Puedes verte a ti mismo empleándolos para lograr tu sueño?

En una de sus muchas giras de conciertos en Estados Unidos, el pianista polaco Ignace Paderewski recibió una visita de una joven ambiciosa que le dijo al famoso músico que ella también poseía un enorme talento musical. Luego de mucha insistencia, ella le persuadió que le permitiera tocar para él. Paderewski tuvo que soportar su ejecución titubeante y mediocre, tratando de mantener oculto su aburrimiento.

Cuando la joven terminó de tocar, le preguntó: —¿Y ahora qué hago?

Paderewski suspiró y dijo: —¡Cásate!

Ese comentario suena sexista en esta época, pero su punto está claro. No importaba cuánto practicara esta joven, nunca iba a ascender al nivel de un pianista de concierto. El habilidoso Paderewski lo percibió de inmediato. Cuando el nivel de talento de un individuo no va de acuerdo con su sueño, y este no lo reconoce, trabajará eternamente y nunca saldrá airoso.

El primer paso para alinear tu sueño con tu nivel de talento consiste en edificar sobre tus puntos fuertes. Este proceso toma tiempo. Tengo que reconocer que me tomó unos seis años al principio de mi carrera hacer los ajustes a mi enfoque y empezar a edificar sobre mis puntos fuertes. Por medio del ensayo y error, y del consejo de personas sabias, eventualmente di un giro a mi atención al orientarme en el rumbo correcto para descubrir mis mejores sueños. El éxito que obtuve posteriormente en la vida está directamente vinculado a este ajuste. Nunca he conocido a una persona que haya logrado el éxito mientras ha estado enfocada en hacer cosas que detesta o para las cuales carece de habilidad. Las personas que logran el éxito aman lo que hacen y lo hacen bien.

> *Cuando el nivel de talento de un individuo no va de acuerdo con su sueño, y este no lo reconoce, trabajará eternamente y nunca saldrá airoso.*

¿Estás enfocado en hacer las cosas que te encanta hacer? ¿Estás edificando sobre tus fortalezas? Edificar tu sueño sobre ellas es vitalmente importante. He aquí las razones de ello:

1. SI EDIFICAS SOBRE TUS FORTALEZAS, ACTIVAS LA LEY DEL MENOR ESFUERZO

Cuando edificas sobre tus fortalezas, las actividades que emplean esos puntos fuertes te resultan más fáciles. Recientemente, mientras leía *You've Got to Read This Book!* [¡*Tienes* que leer este libro!] hallé el capítulo escrito por Farrah Gray, el joven empresario y autor. Él dijo que leyó acerca de la Ley del Menor Esfuerzo en *Las siete leyes espirituales del éxito*, de Deepak Chopra y que tuvo un impacto increíble en él. Gray escribe:

La Ley del Menor Esfuerzo tiene que ver con hallar tu propósito verdadero y tu área verdadera de excelencia. En realidad me sentí ofendido la primera vez que leí acerca de esta ley. Dije: «¡Este tipo es un necio! Vi a mi madre trabajar tan duro. ¡Cómo se atreve a decir que no se trata del trabajo duro!» Pero no fue hasta que empecé a seguir la Ley del Menor Esfuerzo que empezó mi esfuerzo verdadero.

El libro decía que la Ley del Menor Esfuerzo funciona cuando sigues tu propia naturaleza, lo que resulta natural para ti. Si conoces esas cosas y las sigues, se te hace fácil vivir según el propósito de tu vida. Pensé al respecto y redacté unas cuantas preguntas que me ayudaron a determinarlo. ¿Qué cosas resultan fáciles para mí pero son difíciles para los demás? ¿En qué me gustaría trabajar por mucho tiempo, aun si nunca me pagaran por ello? Y sobre la base de esas respuestas, ¿qué podría hacer para ayudar a los que me rodean?»[2]

Edificar sobre sus fortalezas evidentemente funcionó para Gray. Llegó a ser millonario como niño empresario y a los veintidós años de edad fundó Reality Pros, empresa que maneja más de $30 millones de dólares en activos.[3]

La artista Pearl Bailey afirmó: «Hay dos clases de talento: el talento hecho por el hombre y el talento dado por Dios. Con el talento hecho por el hombre, hay que trabajar muy duro. Con el talento dado por Dios, sólo hay que retocarlo de vez en cuando». ¿Cuál de esas dos alternativas prefieres? Luchar por desarrollar habilidades para las cuales tienes poco talento natural, o correr con el talento que Dios ya te ha dado y ver hasta dónde te lleva.

> *«Hay dos clases de talento: el talento hecho por el hombre*
> *y el talento dado por Dios. Con el talento hecho por el*
> *hombre, hay que trabajar muy duro. Con el talento dado*
> *por Dios, sólo hay que retocarlo de vez en cuando».*
>
> —PEARL BAILEY

Eso es lo que he intentado hacer toda mi vida. Una de las cosas por las cuales se me conoce es mi oratoria. Frecuentemente me preguntan si me pongo nervioso cuando hablo a audiencias grandes, probablemente porque la oratoria ocupa los primeros lugares de las listas de temores de la mayoría de las personas. Cuando digo que no, se sorprenden. Cuando hablo, estoy relajado. Es una de las cosas que más disfruto hacer. Me encanta establecer conexión con las personas y frecuentemente me inspiran pensamientos nuevos cuando estoy en el escenario. Me encanta enseñar y añadir valor a los demás. La comunicación es uno de mis puntos fuertes dados por Dios. Te aseguro que sudo la gota gorda cuando tengo que hacer algo para lo cual tengo poca habilidad. Si me dijeras que tengo que conectar un reproductor de DVD a tu televisor o cambiarle el cartucho de la tinta a una copiadora, olvídalo. ¡Para eso no sirvo!

Cuando un individuo fluye en sus fortalezas y trabaja en su «punto ideal», el trabajo que hace es sencillo y fácil. Sin embargo, si enfoca sus esfuerzos en sus áreas débiles, lo que hace se torna complejo y difícil. Para lograr tu sueño, es necesario que edifiques sobre tus puntos fuertes.

2. Edificar sobre tus fortalezas permite obtener resultados sistemáticamente buenos

Los sueños no se convierten en realidad porque una persona haga algo bien de vez en cuando. El éxito no es un evento, es un estilo de vida. Los sueños se convierten en realidad cuando alguien se desempeña con excelencia día tras día. Eso sólo sucede si trabajas dentro de tu zona de fortaleza.

Por ejemplo, me encanta el golf, pero no es parte de mis puntos fuertes. De vez en cuando, hago un tiro magnífico. ¡Recuerdo específicamente haber hecho eso en 1987! Sería una necedad de mi parte si tratara de ganarme la vida jugando al golf. Me sucedería como el jugador de béisbol quien en el bachillerato bateaba muchos jonrones y que fue invitado a entrenar con un equipo de las grandes ligas. Después de la primera semana, escribió a casa diciendo: «Querida Mamá: Estoy en primer lugar entre los bateadores. Estos lanzadores no son tan difíciles». La semana siguiente se jactaba: «Ahora estoy bateando 0.500 y parece que estaré jugando en el campo». Sin embargo, la tercera semana escribió: «Hoy empezaron a lanzarme curvas. Estaré de regreso a casa mañana».

No es posible lograr el éxito sin coherencia. No es posible lograr la coherencia si trabajas fuera de tus puntos fuertes. Se necesita todo el talento que tienes para lograr un sueño grande. Seguir ese talento te dará la oportunidad más grandiosa de hacer lo que haces sistemáticamente bien.

3. EDIFICAR SOBRE TUS FORTALEZAS TE DA LOS MEJORES RESULTADOS

Greer Garson, ganadora del Óscar a la mejor actriz en 1943, observó: «Empezar a ganar dinero fue el error más grande de mi vida. Haz lo que sientes que tienes deseos de hacer, pues si eres bueno al hacerlo, el dinero vendrá».

> *«Empezar a ganar dinero fue el error más grande de mi vida. Haz lo que sientes que tienes deseos de hacer, pues si eres bueno al hacerlo, el dinero vendrá».*
>
> —GREER GARSON

Las personas de éxito siempre invierten su tiempo, dinero y recursos en sus fortalezas, porque esto les da los mejores resultados. Cuando alguna vez abandonan ese enfoque, como lo hizo Michael Jordan cuando dejó de jugar baloncesto para ir a jugar béisbol, el resultado es la mediocridad. El baloncesto es el punto ideal de Jordan, aquello que *siempre* le dará los resultados mejores, y la mayoría está de acuerdo en que él es uno de los mejores que jamás ha jugado este deporte. Sin embargo, como jugador de béisbol, duró un año, nunca ascendió a más del nivel AA, bateó un promedio de 0.202 y terminó con 11 errores de campo.[4] Probablemente no es eso por lo que desea que lo recuerden.

Los individuos pueden mejorar un talento en particular sólo en cierta medida. He observado que nuestro potencial de crecimiento en un talento es de aproximadamente 2 puntos de un máximo de 10. En otras palabras, si en un área particular soy promedio, digamos que tengo un puntaje de 5, si trabajo duro en esa área tal vez logre llegar a un 6 ó 7. Ocasionalmente aparece una persona excepcional que logra avanzar 3 puntos y se convierte en un 8. Sin embargo, las personas no logran sueños en las áreas en las que naturalmente tendrían puntajes de 4 ó 5. Si quieres lograr un sueño, necesitas trabajar en un área en la cual empiezas con un 7 o un 8. Entonces, si trabajas duro, ¡podrás llegar a ser realmente excepcional!

Esto es lo que sé: tienes puntos fuertes maravillosos que te convierten en una persona única y que albergan magníficas posibilidades para el futuro. Sólo te toca hallarlos. Una vez vi un letrero en una ferretería que decía: «Lo tenemos, si logra encontrarlo». Ese letrero podría aplicarse a tu vida. Lo tienes, pero tienes que hallarlo.

¿ESTÁ TU SUEÑO EDIFICADO SOBRE TUS HÁBITOS VERDADEROS?

Al responder la pregunta de la realidad, tienes que empezar por edificar sobre tus fortalezas. Sin embargo, ese es apenas el principio. J. Paul Getty, el filántropo y fundador de la Getty Oil Company, explica: «El individuo que desea llegar al primer lugar en los negocios necesita apreciar el poder y la fuerza de los hábitos. Debe ser pronto a romper los hábitos que pudieran romperle a él y apresurarse a adoptar aquellas prácticas que se convertirán en los hábitos que le ayudarán a lograr el éxito que desea». Esa observación no sólo es verdadera para los negocios, sino para todo esfuerzo. Un sueño se convierte en realidad como resultado de tus acciones, y tus acciones están controladas en gran parte por tus hábitos.

Leí una vez que los psicólogos estiman que hasta un noventa por ciento del comportamiento de las personas es habitual. ¡Noventa por ciento! La mayoría de las cosas que haces están gobernadas por la rutina. Piensa sobre cómo empezaste tus días durante esta semana. Probablemente te duchaste, te vestiste, comiste y condujiste hasta el trabajo siguiendo el mismo patrón que utilizas todos los días. Si eres como la mayoría de las personas, no dedicaste energía alguna a pensar sobre cómo harías estas cosas, sino sencillamente las hiciste. Empiezas tu día de trabajo, limpias la casa, compras víveres y lees el periódico básicamente de la misma manera. Tienes una rutina, un conjunto de hábitos. Tus hábitos impactan todo aspecto de tu vida, de la salud a la riqueza y a las relaciones interpersonales.

Las buenas noticias son que los hábitos pueden ayudarnos a hacer las cosas más rápidamente y despejar la mente para que podamos pensar en cosas más importantes. Las malas noticias son que también pueden ser perjudiciales para nuestra salud o conducirnos en dirección opuesta a la de nuestros sueños. Imagínate a la persona que sueña con ganar maratones, pero que fuma dos cajas de cigarrillos al día. O la persona que sueña con ser modelo de modas, pero que consume seis mil calorías por día sin hacer ejercicio. O la persona que sueña con dirigir a un equipo ganador pero que habitualmente insulta y menosprecia a sus empleados.

El filósofo griego Aristóteles observó: «Somos lo que hacemos repetidamente. Luego, la excelencia no es un acto, sino un hábito». Tus hábitos diarios determinan el resultado de tu vida. El secreto de tu éxito se encuentra en tu agenda diaria. Las personas de éxito no llegan a la victoria por ir a la deriva. Los individuos que logran sueños grandes no llegan allí por accidente. Cuanto más tiempo practiques buenos hábitos de modo positivo, disciplinado y enfocado, más probabilidades tendrás de que tu futuro sea positivo. Cuanto más tiempo practiques malos hábitos, mayores serán las probabilidades de que sea negativo.

> «*Somos lo que hacemos repetidamente. Luego,*
> *la excelencia no es un acto, sino un hábito*».
> —ARISTÓTELES

A medida que voy acumulando años, más he visto esto desarrollarse en las vidas de los individuos. Los hábitos tienen un efecto acumulativo, pero los resultados no se manifiestan sino hasta mucho después en la vida. Si los hábitos son malos, para cuando se hace patente el daño, frecuentemente resulta ser demasiado tarde para alterar los resultados. ¡Por eso es que necesitas tomar control de tus hábitos a la primera oportunidad posible!

El orador y autor Robert Ringer, en su libro *Million Dollar Habits* [Hábitos de millonario], explica el poder de los hábitos positivos. «El mundo está saturado de personas inteligentes, sumamente educadas y extraordinariamente hábiles», escribe Ringer, «que experimentan una frustración continua debido a su falta de éxito. Millones de otras personas pasan sus vidas trabajando duro por largas horas para morir pobres». ¿Cuál solución propone? Cultiva los hábitos correctos y practícalos regularmente. Dice Ringer:

Recuerda que la vida no es nada más que la suma de muchos años de éxito; un año de éxito no es nada más que la suma de muchos meses de éxito; un mes de éxito no es nada más que la suma de muchas semanas de éxito; una semana de éxito no es nada más que la suma de muchos días de éxito. Por ello es que practicar hábitos de éxito día tras día es la forma más segura de ganar a largo plazo.

Los hábitos son importantes para lograr tu sueño. Te llevan en una dirección particular. Tienes que mirarte de modo realista para saber hacia dónde te llevan tus hábitos. Si tus hábitos no corresponden con tu sueño, entonces tendrás que o cambiar tus hábitos, o cambiar tu sueño. Si quieres retener tu sueño, entonces prepárate para la batalla por cambiar tus hábitos, porque un mal hábito nunca desaparece por sí solo.

> *Si tus hábitos no corresponden con tu sueño, entonces tendrás que o cambiar tus hábitos, o cambiar tu sueño.*

Es incómodo y hasta puede sentirse antinatural hacer algo de una forma diferente a la cual estamos acostumbrados. Como ejemplo de lo que quiero decir, intenta estas actividades breves:

- Une tus manos, entrelazando tus dedos. Cuando las personas hacen esto, *siempre* colocan el mismo pulgar encima. Ahora separa tus manos y entrelaza tus dedos nuevamente, pero hazlo de modo que tu otro pulgar quede encima. ¿No se siente raro?
- Crúzate de brazos. Nuevamente, cuando las personas hacen esto, siempre ponen el mismo brazo encima. Separa tus brazos y vuelve a cruzarlos, colocando el otro brazo encima.
- Aplaude. Naturalmente elegimos a una mano como la que golpea y la otra como la que recibe. Ahora trata de intercambiar los papeles.

Si alguien te pide que de ahora en adelante hagas esas tres cosas en forma opuesta a la que típicamente las haces, te sentirías torpe e incómodo. También requeriría un esfuerzo continuo de tu parte para cambiar. Así te sentirás cuando trabajes para cambiar los hábitos de tu vida. Pero tienes que estar dispuesto a hacer tales cambios. ¿No valdrá la pena el esfuerzo si sabes que a la larga tus nuevos hábitos te acercarán a tu sueño? Imagínalo como tu propio proyecto de rehacerte a ti mismo.

¿ESTÁ TU SUEÑO EDIFICADO SOBRE TU POTENCIAL VERDADERO?

Finalmente, es necesario que edifiques tus fortalezas sobre tu potencial real. En la vida no puedes cambiar tu punto de partida; estás donde estás, y ese es un hecho. Lo mejor que puedes hacer es trabajar duro para cambiar dónde terminas. Si quieres terminar en un lugar en donde logras tu sueño, tendrás que asegurarte de alinear tus fortalezas, tus hábitos y tu potencial. Si no se alinean en un mismo sentido, hacia tu sueño, entonces estás en problemas.

Hoy mis puntos fuertes parecen bastante evidentes para mí y para otros. Soy bueno para dirigir, comunicar, crear y trabajar en equipo. Sólo puedo hacer esas cuatro cosas con excelencia. En el resto, soy mediocre o algo peor. Mis debilidades abundan y también son evidentes para mí y para los que me rodean. Para compensarlas, he desarrollado a un equipo de individuos que complementan mis debilidades, y he creado sistemas y hábitos que me ayudan a edificar sobre mis fortalezas. Estos son los hábitos críticos y prácticas que me acercan a mi sueño:

- Todos los días leo algo sobre el tema del liderazgo.
- Todos los días archivo algo sobre el tema del liderazgo.
- Todos los días escribo algo sobre el tema del liderazgo.
- Todos los días hablo algo sobre el tema del liderazgo.
- Todos los días pregunto algo sobre el tema del liderazgo.
- Todos los días entreno a personas sobre el tema del liderazgo.
- Todos los días pienso sobre el tema del liderazgo.
- Todos los días añado valor a individuos sobre el tema del liderazgo.
- Todos los días hablo con líderes sobre el tema del liderazgo.
- Todos los días trato de cultivar buenas relaciones con líderes.
- Todos los días me esfuerzo por ganarme el respeto de otros líderes.
- Todos los días intento añadir valor a líderes sin esperar nada a cambio.

Aunque hago estas cosas todos los días, no tengo muchos resultados que mostrar de ello en pocos días, semanas ni meses. Pero tengo muchos resultados que mostrar luego de varios años, y después de varias décadas, los resultados *realmente* empiezan a acumularse. ¿Por qué hago tanto esfuerzo? Porque mi sueño es añadir valor a líderes que lo multipliquen hacia otros líderes. Mi situación actual, mis puntos fuertes, mis hábitos y mi potencial están alineados.

Para mí es imposible decirte los hábitos que deberás desarrollar para convertir tu sueño en realidad, porque lo desconozco y también desconozco el potencial que Dios ha puesto en ti. Sin embargo, una cosa sé: Si conoces tus fortalezas y edificas sobre ellas al hacer lo necesario para convertir tu sueño en realidad, y haces esas cosas de modo regular hasta que se conviertan en hábitos, las probabilidades de que lo lograrás son muy favorables. Para la mayoría de las personas, las limitaciones que enfrentan no se encuentran en su exterior, sino sólo en su interior.

> *Para la mayoría de las personas, las limitaciones que enfrentan no se encuentran en su exterior, sino sólo en su interior.*

CONVIERTE A LA REALIDAD EN TU ALIADO

Deseaba ser director de orquesta; sin embargo, su estilo era sumamente extraño, por no decir más. Cuando dirigía pasajes suaves, se agachaba. Si la música exigía un crescendo, saltaba en el aire y daba un grito. Una vez dio un salto para indicar que venía un pasaje dramático, pero los músicos no respondieron. Perdió la noción de dónde se hallaba y saltó prematuramente. Los músicos frecuentemente miraban al primer violín en lugar de a él para recibir dirección.

Su memoria no era buena. Durante una presentación, trató de dirigir a la orquesta por una sección de música que él había dicho que pasarían por alto. Cuando los músicos no tocaron el pasaje, interrumpió la conducción y gritó: «¡Alto! ¡No! ¡Así no es! ¡Otra vez! ¡Otra vez!»

Había algo de torpeza en él. Cuando dirigió un concierto para piano que había compuesto, intentó hacerlo desde el piano y echó al piso unas velas que estaban sobre el piano. En otro concierto, tumbó a uno de los muchachos del coro.

Los músicos le rogaron que abandonara su sueño de llegar a ser un gran director. Finalmente lo hizo. De allí en adelante, Ludwig van Beethoven abandonó la labor de director y enfocó su atención en la composición.

¿Cómo te va en lo que a la pregunta de la realidad se refiere? ¿Estás intentando hacer algo para lo cual realmente no eres la persona más adecuada? ¿Has alineado tus habilidades, hábitos, potencial y aspiraciones de modo tal que tengas una magnífica probabilidad de éxito? ¿O estás dependiendo de la suerte o de otras personas para convertir tus sueños en realidad? Si tal es el caso, es hora de hacer algunos ajustes.

La realidad nunca es enemiga de los sueños, siempre y cuando puedas responder de modo positivo a la pregunta de la realidad: ¿Estoy dependiendo de factores bajo mi control para lograr mi sueño?

ESTOY DEPENDIENDO DE FACTORES BAJO MI CONTROL PARA LOGRAR MI SUEÑO?

Verifica que tu alineamiento personal sea el correcto para lograr tu sueño. Responde cada una de las preguntas dadas a continuación:

1. **¿Cuál es mi sueño?** Si no has puesto tu sueño por escrito, hazlo ahora.

2. **¿Cuál es mi punto de partida?** Define dónde te encuentras ahora. Posiblemente ya has descrito este punto si seguiste las instrucciones al final del capítulo anterior.

3. **¿Cuáles son mis fortalezas y debilidades?** Describe tres a cinco de tus habilidades más fuertes. Todo sueño que desees alcanzar deberá edificarse sobre esas fortalezas. Si te ayuda, dibuja un círculo alrededor de esas tres a cinco habilidades. *¡Todo lo que no esté escrito dentro de ese círculo es una debilidad! Puedes edificar solamente sobre estas pocas fortalezas para lograr tu sueño. Cualquier otra cosa te obligará a depender de factores fuera de tu control. Ajusta tu sueño de modo correspondiente.*

4. **¿Cuáles son mis hábitos positivos y negativos actuales?** Haz tres columnas. En la primera, escribe todos tus hábitos actuales que parecen contribuir de modo positivo a tu sueño. En la segunda, escribe tus hábitos actuales que socavan tu avance. En la tercera, escribe los hábitos nuevos que necesitas cultivar para avanzar hacia tu sueño. Si tienes dudas en cuanto a este paso, trata de reunirte con un mentor de tu confianza que te conozca bien o con otra persona experta en tu área de interés.

5. **¿Por cuánto tiempo debo practicar estos hábitos para alcanzar mi potencial?** Calcula cuánto trabajo se necesitará para que te desarrolles hasta convertirte en una persona que puede lograr su sueño. Verifica tu evaluación consultando a un mentor o consejero de tu confianza.

CAPÍTULO 4

La pregunta de la pasión: *¿Me impulsa mi sueño a seguirlo?*

Si estás trabajando en algo emocionante que realmente te importa, nadie tiene que empujarte. La visión te jala.

—STEVE JOBS

¿Alguna vez has ido a una feria o salón con máquinas de juegosy visto una de las máquinas que se llaman «medidor de pasión»? Se supone que miden lo romántico que es uno. Usualmente tienen un tablero con luces que destellan y una manija metálica que uno oprime mientras una corriente eléctrica suave fluye a través de ella. Cuanto más tiempo y más fuerte se oprime la manija, tanto mejor el puntaje.

¿No sería agradable si la pasión de tus sueños pudiera medirse así de fácil? Sólo metes una moneda en la máquina, oprimes la manija ¡y te predice tus probabilidades de éxito! Pero la vida real no es así. La pregunta de la pasión, que dice: ¿Me impulsa mi sueño a seguirlo?, puede ser difícil de responder. ¿Cómo puedes saber si tu pasión es suficiente para sostenerte hasta que tus sueños se realicen?

LA PASIÓN CREA POSIBILIDAD

La pasión es un elemento crítico de todo el que quiera lograr un sueño. ¿Por qué? Porque es el punto de partida de todos los logros. ¡Nunca he visto a ninguna persona en ninguna parte lograr algo que valga la pena sin la chispa del deseo apasionado! Tal vez estés preguntando: «¿Entonces por qué no fue ese el tema del primer capítulo de este libro?» Te diré por qué, porque hay demasiadas personas que dicen que la pasión es el elemento esencial y la razón de todo de los sueños, pero eso no es cierto. La pasión por sí sola no basta para que logres tu sueño. La pregunta de la pasión es apenas una de las diez preguntas que debes poder responder afirmativamente para tener éxito. Por otro lado, si no puedes responderla afirmativamente, se te podría acabar el combustible antes de que logres tu sueño.

> *La pasión es un elemento crítico de todo el que quiera lograr un sueño. ¿Por qué? Porque es el punto de partida de todos los logros.*

El camino de todo sueño está repleto de desvíos, problemas y desencantos. Desgraciadamente, muchas personas tienen tantas dificultades en el camino que allí mueren sus sueños. Por eso es que la pasión es tan importante. Mantiene el sueño con vida, aun en las épocas difíciles. Te inspira. Por eso el filósofo danés Søren Kierkegaard afirmó: «Si tuviera un deseo, no desearía riquezas ni poder, sino el deseo apasionado del potencial, y un ojo capaz de ver el potencial. El placer decepciona; la posibilidad nunca».

EL PODER DE LA PASIÓN

¿Qué es pasión? Es un entusiasmo que no sólo te da energía y enfoque en el presente, sino que también te da las fuerzas para seguir avanzando hacia el futuro. Te da el combustible para buscar tu sueño. Parafraseando al columnista Will Hobbs, la pasión hace posible despertar por las mañanas, quienquiera que seas, dondequiera que estés, seas anciano o joven y saltar de la cama, porque hay algo allí fuera que te encanta hacer, en lo que crees, algo que haces bien, algo que es mayor que tú y que a duras penas puedes esperar para volver a hacerlo.

Para definirlo en los términos más sencillos posibles, diría que la pasión hace tres cosas significativas a favor nuestro:

1. LA PASIÓN NOS LEVANTA, PERMITIENDO QUE VENZAMOS A LA ADVERSIDAD

Siempre que intentes lograr algo de valor, enfrentarás adversidades. La pasión puede ayudarte a perseverar. En julio del 2007, di una charla para la Maxima Global Consulting en Johannesburgo, Sudáfrica. Aunque el viaje a Johannesburgo fue largo, la conferencia resultó ser una experiencia sumamente agradable. Al día siguiente, después del evento, tuve la oportunidad de sentarme con los organizadores para hablarles del mismo. Thalita Boikhutso, la ejecutiva principal del grupo de empresas y veterana con diez años de experiencia en el desarrollo de personas, había tenido la responsabilidad de organizar el evento. Mientras hablábamos, ella decía repetidamente que había sido «un sueño hecho realidad». Cuando le pedí que se explicara, ella dijo que el año previo, ella había ideado un nuevo concepto para el desarrollo de líderes en la empresa: un evento internacional de liderazgo.

«Tomé una decisión en el 2006», dijo, «que cada año haré por lo menos una cosa grande que me ayudará a crecer no sólo a mí, sino a otras personas en mi país. ¿Cuál era mi definición de *grande?* Para mí era algo que creía imposible, algo de mucho riesgo. Dr. Maxwell, traerle a usted a Sudáfrica para este evento fue mi cosa grande del 2007, y había determinado que lo llevaría a cabo».

Ella continuó describiendo los muchos obstáculos que tuvo que vencer para poder celebrar la conferencia. Tuvo dificultades para convencer a su jefe de la idea. (Finalmente obtuvo su visto bueno después de que ella prometiera reembolsar a la empresa de su propio bolsillo las pérdidas que hubiera, en caso de que el evento fuera un fracaso.) Tuvo dificultades para convencer a sus colegas escépticos. Cuando no logró reclutar a otras empresas como patrocinadoras, no se dio por vencida; su pasión la sacó adelante y convenció a los escépticos.

«Antes de la conferencia, muchos sabían lo que el evento significaba para mí y para nuestro negocio», dijo Thalita, «pero muy pocos comprendían lo que significaba para ellos y sus organizaciones. Al final de la conferencia, muchos desearon haber invitado a amigos, familiares y otras personas en sus organizaciones, muchos desearon que la conferencia durara un día más, muchos desearon que hubiera una conferencia similar en un futuro cercano, y muchos resumieron su experiencia general en la conferencia con una palabra: magnífica. El viaje fue largo, pero los beneficios al final de todo, valiosísimos. ¡Y eso fue un sueño hecho realidad para mí!»

La parte más inspiradora de todo sueño es su principio. Todos hemos experimentado la emoción del nacimiento de un sueño. Vemos las posibilidades, sentimos el entusiasmo de lo que pudiera llegar a ser, vemos un futuro positivo. Podemos disfrutar del apoyo de los amigos que desean vernos lograr el éxito. Y entonces... empezamos. Rápidamente nos damos cuenta de que entre la inspiración de un sueño y su manifestación, ¡habrá mucha transpiración! Como todo nuevo padre descubre, es mucho más difícil tener a un bebé y criarlo que hacerlo.

> *Entre la inspiración de un sueño y su manifestación, ¡habrá mucha transpiración!*

¿Qué es lo que te sostiene en las épocas difíciles? ¿Qué te da las fuerzas para vencer la adversidad? ¡La pasión! El poeta William Arthur Ward sugiere que la clave para el éxito es:

Creer cuando otros dudan.
Planificar mientras que los demás juegan.
Estudiar cuando los demás duermen.
Decidir cuando los demás postergan.
Prepararse cuando los demás sueñan despiertos.
Empezar cuando los demás lo dejan para otro día.
Trabajar cuando los demás desean.
Ahorrar cuando los demás desperdician.
Escuchar cuando los demás hablan.
Sonreír cuando los demás fruncen el ceño.
Elogiar cuando los demás critican.
Persistir cuando los demás se dan por vencidos.

¿Qué te da la energía necesaria para creer, planificar, estudiar, decidir, prepararte, empezar, trabajar, ahorrar, escuchar, sonreír, elogiar y persistir? La respuesta es ¡la pasión!

2. LA PASIÓN NOS EMPUJA, DÁNDONOS INICIATIVA

Para lograr el éxito en la vida, es necesario que permanezcamos en nuestra zona de fortalezas, pero que continuamente salgamos de nuestra zona de comodidad. Piénsalo. ¿Alguna vez has tratado de lograr algo significativo mientras permaneces en tu zona de comodidad? Apuesto a que la respuesta es no.

Para lograr el éxito en la vida, es necesario que permanezcamos en nuestra zona de fortalezas, pero que continuamente salgamos de nuestra zona de comodidad.

La mayoría de nosotros prefiere no salir de la zona de comodidad. Nos resistimos a ello. Nos gusta sentirnos a salvo y seguros, no queremos vernos como tontos ni darnos de bruces y al hacernos viejos, tendemos por naturaleza a sentirnos más satisfechos con nosotros mismos. Eso es un problema porque ese tipo de satisfacción displicente mata la pasión. Nos reduce a la mediocridad, nos corta las alas y nos impide surcar los cielos, no importa cuánto queramos hacerlo. Pone nuestros sueños fuera de nuestro alcance.

Se requiere de iniciativa para lograr el éxito, para convertir un sueño en realidad; hay que arriesgarse. El dramaturgo George Bernard Shaw afirmó: «Estoy harto de toda la gente razonable: ven todas las razones por las cuales no deben hacer nada». La pasión nos hace irrazonables. Nos impulsa a dejar nuestra zona de comodidad y cruzar el umbral de nuestras dudas. Nos empuja por la puerta para que podamos seguir el camino hacia nuestros sueños.

3. LA PASIÓN NOS COLOCA EN BUENA POSICIÓN, DÁNDONOS LAS MEJORES PROBABILIDADES DE ÉXITO

El médico y misionero Albert Schweitzer observó: «El éxito no es la clave de la felicidad. La felicidad es la clave del éxito. Si te encanta lo que haces, tendrás éxito». Cuando tenemos pasión, y nos permitimos seguirla, nos coloca en una buena posición en la vida. Nos prepara para el éxito. Si no seguimos nuestra pasión, nos hallaremos en un lugar difícil, uno que no nos servirá igual de bien. Como recomendó Richard Elder:

> Una vida segura por lo general conduce a pesares más adelante. Todos recibimos talentos y sueños. Algunas veces estas dos cosas no se corresponden entre sí, pero frecuentemente, las comprometemos a ambas antes de averiguarlo. Después, sin importar el éxito que pudiéramos haber logrado, empezamos a mirar atrás con añoranza a la época en la cual debimos haber seguido nuestros verdaderos sueños y nuestros verdaderos talentos por todo lo que valían. No te dejes presionar por la idea de que tus sueños o talentos no son prudentes. Nunca tuvieron el propósito de ser prudentes; su propósito era traer gozo y satisfacción a tu vida.

La mayoría de las personas del mundo no siguen su pasión. Como resultado de ello, se sienten frustradas e infelices y uno puede verlo en la manera en que viven sus vidas. El editor, Malcom Forbes afirmó: «El error más grande que cometen las personas en la vida es no tratar de ganarse la vida haciendo algo que disfrutan». Como resultado de ello, sencillamente tratan de soportar sus vidas laborales, en lugar de aprovecharlas al máximo. Viven para los fines de semana. Tratan de soportar hasta la jubilación. Eso es una pena, porque las probabilidades de éxito de las personas son directamente proporcionales al grado de placer que se deriva de lo que hacen. Cuando se conforman, se ponen a sí mismos en una situación difícil. Cuando siguen su pasión, se ponen a sí mismos en buena posición.

> *«El éxito no es la clave de la felicidad.*
> *La felicidad es la clave del éxito.*
> *Si te encanta lo que haces, tendrás éxito».*
> —ALBERT SCHWEITZER

Tommy Lasorda, el ya jubilado entrenador de los Dodgers de Los Ángeles, mostró su pasión por el béisbol en una entrevista por radio, luego que su equipo sufriera una derrota desalentadora durante las eliminatorias finales de la Liga Nacional. A pesar de la derrota, seguía hablando con entusiasmo acerca del juego. El anfitrión se sintió sorprendido y le preguntó cómo podía tener tanto optimismo luego de haber perdido un partido tan importante.

«El mejor día de mi vida es cuando dirijo a mi equipo en un partido en el que ganamos», respondió Lasorda. «Y el segundo mejor día de mi vida es cuando dirijo un partido en el que perdemos». La pasión de este veterano entrenador era el béisbol, y cada día que participaba del juego era un día que vivía su sueño.

Los sueños se convierten en realidad cuando los dones se encienden con el fuego de la pasión. El mejor consejo que jamás recibirás para tu carrera es que descubras tu pasión y la sigas. Cuando conviertas tu sueño en tu profesión, experimentarás satisfacción la mayor parte de los días de tu vida. El autor Logan Pearsall Smith observó: «Hay dos cosas que buscar en la vida. Primero, obtener lo que deseas, y después de ello, disfrutarlo. Sólo los individuos más sabios de la humanidad logran lo segundo».

> *«Hay dos cosas que buscar en la vida. Primero, obtener lo que deseas, y después de ello, disfrutarlo. Sólo los individuos más sabios de la humanidad logran lo segundo».*
>
> —LOGAN PEARSALL SMITH

EL HOMBRE DE LA GUITARRA

Una persona que ha obtenido lo que deseaba y ciertamente lo disfruta es Bob Taylor. Conocí a Bob a principios de los años 80, cuando yo era líder de la iglesia Skyline Church en San Diego. Bob tocaba la guitarra en el equipo de alabanza. La primera impresión que recibí de él fue que era una persona sumamente agradable. Tenía una mente aguda, pero era tranquilo y relajado, excepto cuando hablaba de un tema: las guitarras. Verás, Bob es fundador y presidente de Taylor Guitars, y fabricar guitarras es el trabajo de su vida y la pasión que le consume.

Desde su niñez, Bob ha sido cautivado por dos intereses. El primero es averiguar cómo funcionan las cosas. Dice que cuando era joven, «jugar» con sus juguetes siempre incluía un destornillador y una llave de tuercas. Regalo que recibiera el día de Navidad inevitablemente quedaba desarmado para el 26 de diciembre.

«Para mí», dice Bob, «un tren eléctrico era divertido solamente si me enseñaba algo acerca de cómo funcionan los motores eléctricos, no tenía chiste sólo mirar el tren dar vueltas y vueltas».[1]

El otro interés de Bob eran las guitarras. Compró su primera guitarra acústica a un amigo por tres dólares cuando tenía nueve años. No pasó mucho tiempo antes de que empezara a juguetear con ella. Cuando tenía diez años, le cortó el cuello y trató de usarlo para construir una guitarra eléctrica. No funcionó, pero aun a esa edad estaba dispuesto a tratar de construir casi cualquier cosa.

En la escuela secundaria y el bachillerato, Bob era un as en la clase de taller y ganó el premio en la Exposición de Artes Industriales del Estado de California dos años consecutivos con proyectos del taller de metalurgia. Pero cuando cursaba el onceavo grado, cambió al taller de ebanistería y puso su mirada en un proyecto que ni siquiera su maestro había podido terminar: una guitarra de doce cuerdas. Le tomó la mayor parte del año, pero construyó una.

El año siguiente fabricó dos guitarras más en su tiempo libre. Después de eso, había descubierto lo que quería hacer en la vida. Dijo a sus padres que no estudiaría en la universidad, sino que en lugar de ello se convertiría en un fabricante de guitarras. Su madre lloró. Temía que él no lograría el éxito. No obstante, las personas no necesitan el camino común para lograr el éxito, sino que necesitan seguir su pasión.

En septiembre de 1973, apenas tres meses después de haberse graduado del bachillerato, ya estaba trabajando en un taller independiente y *hippie* de fabricación de guitarras llamado «American Dream» en donde cada obrero funcionaba como un contratista semi independiente. Bob causó una impresión de inmediato. Otro fabricante de guitarras que también trabajaba allí describe a Bob así: «Salió de la escuela y sencillamente dejó a todos atrás por la velocidad y calidad de su trabajo. Todo lo que tenía que hacer era inclinar la cabeza y empezar... Tenía un impulso por superarse como nada que yo jamás hubiera visto».[2]

Bob empezó a trabajar empleando algunas de las herramientas del dueño del taller y otras que diseñó y fabricó en el taller de metalurgia de su escuela. Obtuvo conocimiento, velocidad y experiencia mientras trabajaba.

«Me tomó un mes fabricar aquella primera guitarra», recuerda Bob, «lo cual realmente es demasiado tiempo. Apenas sacaba un par de cientos de dólares de ganancia por cada guitarra y no podía ganarme la vida si sólo fabricaba doce guitarras al año. En aquella época, mi cuerpo y mi mente eran las herramientas que yo estimaba que necesitaban mejorar más, así que trabajé en mis habilidades y actitud. Empecé a aprender a fabricar guitarras más rápido y mejor con mis propias manos. Posteriormente en mi carrera, empecé a usar herramientas para acelerar el proceso de fabricación».[3]

Bob trabajó duro y siguió experimentando con nuevas técnicas de fabricación. Su hambre por fabricar guitarras magníficas aumentaba con cada proyecto. Hallaba que todo eso le impulsaba mucho. «No hay nada que se sienta igual a vender una guitarra que uno mismo ha fabricado».[4]

DE FABRICANTE DE GUITARRAS A
PROPIETARIO DE UN NEGOCIO

Aproximadamente un año después de la llegada de Bob, el propietario del negocio, que nunca ganó dinero en ello, decidió venderlo. Dos jóvenes que trabajaban allí restaurando guitarras decidieron hacerle una oferta. Uno de los jóvenes, Kurt Listug recibió consejo de su padre que añadiera a alguien que realmente supiera cómo fabricar guitarras como tercer socio. Bob ya era el mejor en el taller, así que Kurt le invitó a unirse a ellos. En octubre de 1974 los tres compraron el taller y abrieron sus puertas. Debido a que Bob era el fabricante, decidieron ponerle el nombre Taylor a los instrumentos.

Durante el siguiente año, todos trabajaron duro. Bob era el fabricante y diseñador principal. Trajo los troncos para aserrarlos y formar madera para guitarras. Desarrolló nuevas técnicas de fabricación y diseños, tales como un cuello fijado por tornillos. Hasta diseñó y fabricó sus propias herramientas cuando le fue necesario hacerlo. Hablaba con todos los fabricantes de guitarras y expertos en reparaciones que pudiera encontrar, buscaba aprender constantemente.

Mientras tanto, Kurt Listug trataba de administrar el negocio y también ayudaba en el taller, pero fue una lucha, especialmente en lo financiero. Por diez años anduvieron cojeando, y varias veces se vieron precisados a pedir préstamos para seguir adelante. En los primeros años no se pagaban salario alguno. Fue un gran avance para Bob cuando en 1977 los socios finalmente decidieron pagarse a sí mismos un salario de quince dólares por semana. Desgraciadamente, sus cheques de pago frecuentemente quedaban sin cambiarse porque ellos sabían que no había suficiente dinero en el banco para cubrirlos. En 1983, Bob y Kurt compraron las acciones del tercer socio que ya no compartía el mismo entusiasmo por el negocio.

A pesar de las horribles dificultades financieras, a Bob le encantaba lo que hacía. Cuando estaba en el taller, fabricaba guitarras. Cuando no lo estaba, pensaba respecto a hacerlo. «Me sentía estresado por la falta de dinero», explica Bob, «pero en realidad me sentía bastante feliz durante el día porque estaba fabricando guitarras y viviendo mi sueño. En realidad, la única razón por la cual era necesario vender las guitarras, en lo que a mí respecta, era para que pudiera seguir fabricándolas... Sólo temía que nos fuéramos a la bancarrota y que entonces me viera obligado a buscar trabajo haciendo algo que detestaba».[5]

LA PASIÓN FINALMENTE RINDE FINANCIERAMENTE

A mediados de la década de 1980, las cosas empezaron a dar un giro, a pesar de que las guitarras acústicas parecían haber pasado de moda en el ámbito musical. La producción de guitarras en la empresa había aumentado a veintidós unidades por semana, y Kurt Listug estaba teniendo éxito en lograr que tiendas de equipo musical compraran guitarras. Por primera vez, estaban realmente sacando ganancias. ¡Lo que los hizo perseverar fue su pasión! Eso continuamente alimentó sus sueños. El campeón de guitarra Chris Proctor dice: «Bob se levanta por la mañana y quiere fabricar las guitarras mejor. Kurt se levanta por la mañana y quiere hacer que la empresa sea mejor».[6]

Hoy día, Taylor Guitars es una de las empresas fabricantes de guitarras de mayor éxito en el mundo. La empresa se conoce por su innovación en el diseño y fabricación de instrumentos. Usando la pasión de Bob, su increíble conocimiento acerca de las guitarras, y su capacidad de diseñar y fabricar herramientas, la empresa ha sido pionera en el uso de sierras controladas por computadora, la creación de acabados poco perjudiciales al medio ambiente y el desarrollo de técnicas de fabricación que ayudan a la conservación de las existencias cada vez más limitadas de maderas exóticas. Mientras tanto, los empleados han fabricado guitarras con una artesanía excelente y consistencia increíble. La empresa también ha crecido increíblemente. En la actualidad, Taylor emplea más de 450 personas y fabrica más de 72,000 instrumentos por año.

Lo que resulta más notable es que Taylor Guitars también es conocida por compartir sus conocimientos con otros fabricantes. ¿Por qué? Bob ama las guitarras y a la gente que las fabrica. Recuerda lo abiertos y serviciales que otros fabricantes de guitarras fueron con él en los primeros días, cuando apenas estaba aprendiendo.

«Desde entonces he sentido que debo ser tan generoso con mis conocimientos como aquellos fabricantes lo fueron con los suyos», dice.[7] «Creo que me sentiría contento con saber que después de mi partida, la gente dijera: "Él dejó el mundo de las guitarras mejor que como lo halló". Creo que esa sería una buena manera de ser recordado».[8]

CÓMO LEER EL MEDIDOR DE PASIÓN

¿Qué tan apasionado eres en cuanto a tu sueño? ¿Te despiertas por la mañana y te acuestas por la noche pensando acerca de tu sueño como lo hace Bob? ¿Estás dispuesto a seguirlo aun si no puedes ganarte la vida haciéndolo? ¿Estás dispuesto a esforzarte en él, mejorando tus habilidades y actitud por más de una década antes de que los demás te reconozcan por ello? Aun ahora, siendo quizás el fabricante de guitarras de más éxito en el mundo, Bob Taylor continúa tratando de descubrir nuevas maneras de fabricar una mejor guitarra. Es incesante. En años recientes, la empresa que siempre había fabricado guitarras acústicas empezó a fabricar guitarras eléctricas innovadoras, y lo que realmente es notable es que aun con toda su pasión y enfoque, Bob es un hombre de familia fuerte que ha estado casado por más de treinta años.

Las personas que convierten sus sueños en realidad responden sí a la pregunta de la pasión. Se sienten *obligados* a seguir su sueño, no les importa si parece normal o práctico. Aun cuando cursaba el bachillerato, cuando Bob fabricó su primera guitarra, las personas pensaban que era raro e intentaron disuadirle.

—Ea, Taylor, ¿qué fabricas? —le preguntaban.

—Una guitarra —respondía él.

—Nada de eso. Él cree que está fabricando una guitarra, pero no lo está. Nunca terminará —le molestaban.

—Está bien, no estoy haciendo nada —respondía Bob y continuaba trabajando. —Era extraño, pero no me molestaba mucho porque estaba acostumbrado a ser un lelo y a hacer cosas solo —dice Bob.[9]

¿Cómo mides tu pasión? Volviendo a la idea de un medidor de pasión, ¿qué calificación obtendrías cuando de tu sueño se trata? Mira la escala que aparece a continuación, la cual podría usarse para evaluar la actitud de una persona hacia cualquier tema:

ESCALA DE PASIÓN

10. Mi pasión es tan caliente que hace a otros arder.
9. No puedo imaginar mi vida sin ella.
8. Voluntariamente sacrifico otras cosas importantes por ella.
7. Me entusiasma y frecuentemente me la paso absorto con ella.
6. La disfruto como uno de mis muchos intereses.
5. Puedo tomarla o dejarla.
4. Prefiero no pensar en ella.
3. Hago el esfuerzo por evitarla.
2. La he puesto en mi lista de cosas menos favoritas.
1. Preferiría que me extrajeran una muela sin anestesia.

Al tratar de medir la pasión que siente Bob Taylor por las guitarras, reconozco que su puntaje es de 10. No soy músico, pero cuando Bob habla acerca de guitarras, hace que hasta yo *me* entusiasme. Su pasión es irresistible.

Lo que realmente me entusiasma es añadir valor a los líderes. Pienso en ello todo el tiempo. He hecho sacrificios en muchas otras áreas de mi vida para aprender acerca del liderazgo. He enfocado los últimos veinte años de mi vida en ello. Cuando hablo al respecto, otras personas se sienten entusiasmadas también; es lo que amo y por lo que vivo. Cuando enseño acerca del liderazgo, no puedo evitar pensar: *¡Para esto fui creado!*

Piensa acerca de tu sueño. Ahora dale otra mirada a la escala de la pasión. ¿Cuál de los niveles te describe mejor? Si tu puntaje es menor que 8, tu sueño podría estar en problemas. Estar dispuesto a sacrificar apenas es el *punto de partida* para tener pasión suficiente para lograr un sueño. Cualquier puntaje menor podría no ser suficiente para mantenerte en marcha, y eso trae a colación otro aspecto importante de la pasión: el poder de permanencia. Estar ardiendo de pasión acerca de tu sueño no basta si no puedes mantener ese fuego ardiendo. Si eres como la mayoría de las personas, tendrás que seguir tu pasión por mucho tiempo antes de que recibas alguna recompensa externa por ella.

> *Si eres como la mayoría de las personas, tendrás que seguir tu pasión por mucho tiempo antes de que recibas alguna recompensa externa por ella.*

AVIVANDO EL FUEGO

Si tu nivel de pasión es un 8, 9 ó 10, entonces estás en buena forma. ¿Pero qué si no? ¿Significa eso que estás perdido? Si no te sientes sumamente obligado a seguir tu sueño, ¿significa eso que nunca lo verás realizarse? No necesariamente. Por supuesto, existe la posibilidad de que no estés abrazando el sueño correcto, y en tal caso deberás repasar las preguntas de la posesión y de la realidad. Sin embargo, puede ser que te halles en el camino correcto, pero sin suficiente combustible para el viaje. Si allí es donde te encuentras, hay cosas específicas que puedes hacer para avivar el fuego de tu pasión. Intenta estas que pueden darte más energía para avanzar:

1. TOMA EN CUENTA TU TEMPERAMENTO NATURAL

No todos somos iguales. Tal vez tu tipo natural de personalidad es la de un melancólico (te gustan las cosas bien hechas) o flemático (valoras la paz); tal vez no seas una persona naturalmente entusiasta o efusiva. Eso está bien, sólo que debes tomarlo en cuenta. Mi escritor, Charlie Wetzel, posee esas dos características de personalidad. Como resultado, no es el tipo de persona que vitorea y celebra y se emociona sobre las cosas que son importantes para él. Sin embargo, compensa esas características con pura perseverancia; ha trabajado conmigo en más de cuarenta y cinco libros en los últimos catorce años. Nadie puede hacer eso sin el poder de permanencia. Si eres como Charlie, probablemente puedes aprovechar la capacidad de perseverar tercamente que acompaña a este tipo de personalidad.

Por otro lado, tal vez tienes el tipo de personalidad sanguínea (te gusta lo divertido) o colérica (te gustan las cosas a tu manera); en tal caso, probablemente eres apasionado sobre casi *cualquier* cosa que te interese. Sin embargo, también es probable que pierdas interés en las cosas rápidamente. Tu ardor es intenso, pero no perdura. Ese tipo de perfil de personalidad es el mío. Me emociono mucho acerca de las cosas, pero me gusta moverme rápidamente a la siguiente gran cosa; también hay que tomar eso en cuenta.

Este es el resultado final: sostener tu pasión es como cocinar. Ciertos cortes de carne, tales como un filete, se cocinan mejor aplicándoles un calor intenso por poco tiempo. Otros, como el lomo, se cocinan mejor a fuego lento por un tiempo más prolongado. De uno u otro modo, quedas con una comida deliciosa. Sencillamente hay que saber qué tipo de carne se tiene y la manera de cocerla.

2. Mantén la vista en lo que es importante para ti

En uno de los mejores libros sobre liderazgo que he leído, *El desafío del liderazgo* por James Kouzes y Barry Posner, los autores preguntaron a John H. Stanford, quien era general de división del Ejército de Estados Unidos, cómo desarrollaba líderes. Stanford respondió:

> Cuando alguien me hace esa pregunta, respondo que tengo el secreto del éxito en la vida. El secreto del éxito es permanecer enamorado. Permanecer enamorado te da el fuego para encender a otras personas, para ver dentro de otras personas, para desarrollar un deseo mayor de hacer cosas que otras personas. Una persona que no está enamorada realmente no siente el tipo de entusiasmo que le ayuda a salir adelante y guiar a otros al éxito. No conozco ningún otro fuego, nada en la vida que sea tan estimulante y que sea un sentimiento más positivo que el amor.[10]

Stanford se dio cuenta de que era necesario que mantuviera su pasión, el amor por la gente, en primer plano o de lo contrario no podría guiarlos bien. Muchas personas no hacen eso. Pierden de vista lo que realmente les importa, y como resultado de ello, su fuego se apaga.

Si no sientes pasión por tu sueño, recuerda lo que es importante para ti y por qué querías seguir tu sueño en primer lugar. Mientras mantengas eso en mente, será más fácil mantener el fuego ardiendo.

3. Vence el temor de ser diferente a los demás

Ya mencioné que Bob Taylor era diferente a sus compañeros. Los demás muchachos en su escuela a menudo no le comprendían. Tal vez te sorprenderá saber que cuando fue a trabajar en el taller de guitarras American Dream a los diecinueve años de edad, tampoco encajaba allí del todo. Greg Deering, quien trabajó en ese lugar desde antes de la llegada de Bob, recuerda: «Bob era diferente a todos los demás que trabajaban allí. Era el único, aparte de Sam [el propietario] y de mí que no era un *hippie* melenudo».[11] A Bob no le importaba ser diferente. Siguió su sueño de todas maneras.

A principios de mi carrera, me sentí como un extraño. Nunca sentí que encajaba con los demás que conocía en el ministerio. Nunca fui «uno de los muchachos». Al principio, eso me molestaba, pero creía en lo que estaba haciendo, y quería edificar una iglesia que tuviera impacto. Seguí adelante; me tomó muchos años, pero eventualmente pude lograrlo, y entonces, para sorpresa mía, otros empezaron a buscarme para pedir consejo.

Las personas que quieren lograr sus sueños sobresalen. No puedes ser parte de la muchedumbre y lograr tu sueño al mismo tiempo. Si quieres vivir una vida extraordinaria y hacer cosas extraordinarias, es necesario que sigas tu pasión y no te preocupes de lo que otros piensen de ti.

Las personas que quieren lograr sus sueños sobresalen. No puedes ser parte de la muchedumbre y lograr tu sueño al mismo tiempo.

4. RESISTE LA APATÍA QUE FRECUENTEMENTE ACOMPAÑA AL ENVEJECER

Los niños son naturalmente apasionados y entusiastas. Les encanta la vida y sueñan en grande. Algunos logran conservar ese entusiasmo durante su niñez y al empezar la edad adulta. Pero en algún momento, la mayoría de los seres humanos pierden el entusiasmo por la vida y se tornan más y más apáticos. Tal vez eso les sucede porque pierden su idealismo, o tal vez los conflictos y las dificultades día tras día les desaniman. De alguna manera, pierden su pasión. Muchos se establecen en rutinas cómodas pero sin recompensa, y se dan por vencidos.

No permitas que eso te suceda. No importan las decepciones o dificultades que hayas enfrentado, no permitas que te roben tu pasión. Aun las personas que han tenido que enfrentar tragedias graves son capaces de hallar propósito en ellas. En toda edad o etapa de la vida, hay obstáculos y ventajas, tribulaciones y triunfos. De ti depende sacarle el máximo provecho a lo positivo y no permitir que lo negativo te eche por tierra. Por ejemplo, ahora que he rebasado los sesenta años de edad, he descubierto que mi nivel de energía es mucho menor de lo que era. Eso me preocupaba bastante al principio porque no quería bajar el ritmo, pero ahora le saco el máximo provecho a mi tiempo libre y disfruto más del tiempo con mi familia, incluso mis cinco nietos. Estoy disfrutando más de esta época de mi vida que de ninguna otra.

¿Cómo respondes entonces a la pregunta de la pasión? ¿Te impulsa tu sueño a seguirlo? Si no es así, ¿estás dispuesto a hacer lo que sea necesario para elevar tu pasión a un nivel que te lleve sobre obstáculos y que te sostenga a la larga?

> *«Cuando el amor y la habilidad trabajan en conjunto, espera una obra maestra».*
> —JOHN RUSKIN

La pasión por sí sola no basta para convertir tu sueño en realidad. No obstante, se me ocurren pocas cosas que pudieran ser más importantes que la pasión. Hacer lo que amas y amar lo que haces continuamente proporciona el combustible para mantenerte en marcha. Puede transformar tu manera de pensar, tu manera de trabajar y la manera en la cual interactúas con los demás. La pasión tiene el poder de transformarte. Como lo observara el autor y crítico John Ruskin: «Cuando el amor y la habilidad trabajan en conjunto, espera una obra maestra». ¿No es eso lo que desearías que tu vida fuera?

¿Puedes responder afirmativamente a la pregunta de la pasión: ME IMPULSA MI SUEÑO A SEGUIRLO?

Si te falta pasión para seguir tu sueño, deberás resolver el problema para poder alcanzar el éxito en esa área de tu vida:

- **¿Te falta pasión porque no posees tu sueño?** Si tal es el caso, aparta un tiempo para reflexionar y examinarte a ti mismo o vuelve a visitar la pregunta de la posesión y determina si tu sueño realmente es *tu* sueño.

- **¿Te falta pasión porque no ves con claridad suficiente?** Si este es el problema, imagina un cuadro claro de tu sueño y luego captúralo por escrito.

- **¿Te falta pasión porque tu sueño no corresponde con tus talentos y habilidades?** Es difícil permanecer apasionado por algo en lo que no logramos el éxito. Confirma que tu sueño esté basado sobre tus dones y sobre factores bajo tu control.

- **¿Oculta tu temperamento natural tu pasión?** Si eres el tipo de persona que no se emociona con facilidad, entonces trata de conectarte con tu sentido de propósito para mantenerte enfocado y aprovecha tu perseverancia natural para mantener ardiendo la pasión que tengas.

- **¿Se ahoga tu pasión por el temor a ser diferente?** Si te preocupa ser diferente, lee biografías de personas a las cuales admiras y que cumplieron sus sueños en áreas similares a la tuya. Podrías hallar inspiración en saber que eres similar a tus héroes.

◈ **¿Ha disminuido tu pasión conforme has ido adquiriendo años?** Si los años amenazan con apagar la chispa que una vez sentías por tu sueño, necesitas discernir si tu sueño era producto de una temporada diferente en tu vida, o si es algo que continúa siendo digno de tu tiempo y energías. Piensa en por qué te interesaba en primer lugar. Recordar tu inspiración original podría encender la pasión nuevamente. En caso contrario, tal vez es hora de modificar tu sueño según la temporada actual de tu vida.

Toda persona es capaz de descubrir y aprovechar el poder de la pasión, no importa su edad, etapa en la vida o temperamento. Nunca es demasiado temprano ni demasiado tarde para soñar.

CAPÍTULO 5

La pregunta del camino:
¿Tengo una estrategia para alcanzar mi sueño?

*Debemos buscar maneras para ser una fuerza activa
en nuestras vidas. Debemos hacernos cargo de nuestros
propios destinos, diseñar una vida sustanciosa, y
verdaderamente empezar a vivir nuestros sueños.*

—LES BROWN

Hace varios meses, mientras asistía a un juego de la NFL, fui a cenar
con un grupo de amigos. La mayoría de ellos estaba en los treinta
y tantos años de edad, y yo con mis sesenta era el sabio anciano del
grupo. Así que decidí hacerles preguntas en cuanto a sus puntos de
vista sobre el fútbol americano, la política y sus sueños. Una de las
preguntas que hice fue: «Si pudieras hacer una cosa para cambiar el
mundo, ¿qué harías?» Algunos nunca habían considerado esa idea
antes y tuvieron dificultades para responder. Otros expresaron metas
complejas y elevadas.

—¿Y qué harías tú, John? —preguntó uno después de que varios
habían compartido sus respuestas. Era algo en lo que yo había

pensado antes. Respondí que enseñaría a todos los niños del mundo a leer. Creo que la habilidad de leer puede abrir la puerta a todas las demás avenidas de aprendizaje y crecimiento personal.

SOÑANDO CON EL POTENCIAL

Recientemente leí un artículo sobre una persona que también había pensado en cambiar el mundo ayudando a que los niños aprendieran. Para mérito suyo, está haciendo algo más que soñar con ello, está trabajando duro para convertir ese sueño en realidad. Se llama Nicholas Negroponte. Inició su carrera estudiando arquitectura en el Instituto de Tecnología de Massachusetts (MIT, por sus siglas en inglés), enfocándose en el innovador campo del sistema de diseño asistido por computadora. Después de recibir sus títulos de licenciatura y maestría, se unió a la facultad de MIT en 1966. Desde entonces, ha participado en proyectos innovadores empleando computadoras.

Tengo que reconocer que no soy un adepto a la tecnología. Cuando me siento a escribir, uso un bolígrafo y un bloque de papel. Sin embargo, hallé un artículo que me dejó intrigado. Hablaba de una computadora portátil con un costo de $150 dólares llamada la XO que estaba siendo creada para ayudar a los niños de países en desarrollo a aprender. Era creación de Nicholas Negroponte.

En 1982, Negroponte aceptó la invitación del gobierno francés a formar parte de un proyecto experimental utilizando computadoras en países en desarrollo.[1] Con algunas computadoras donadas por Steve Jobs, Negroponte y otros trabajaron con niños en Senegal. El proyecto tuvo éxito limitado, pero la experiencia plantó la semilla original de lo que eventualmente se convertiría en Una Portátil Por Niño (OLPC, por sus siglas en inglés), una iniciativa dedicada a crear computadoras de bajo costo para niños en países en desarrollo en todo el mundo, aun en lugares en los cuales no hay sistema de agua corriente, electricidad ni servicio telefónico.

Negroponte soñó con crear un aparato que fuera innovador y resistente, pero sencillo. Tendría pocas piezas móviles y sería capaz de resistir el maltrato en entornos hostiles. Automáticamente se conectaría con otras computadoras del mismo tipo y utilizaría poca energía. (Hasta podría funcionar con energía solar o con un generador manual.) Y todo el software que tuviera instalado sería tipo *código abierto*, lo que significa que no estaría protegido por derechos de autor y por lo tanto podría ser utilizado, accedido y modificado por cualquiera. El concepto llegó a conocerse como el «portátil de cien dólares».

Gracias a sus cuarenta años de experiencia en innovación, Negroponte tenía la capacidad y las conexiones necesarias para la creación de semejante aparato. Sin embargo, no fue la tecnología lo que lo cautivó; fueron las personas a quienes ayudaría. Como frecuentemente decía: «OLPC no es un proyecto de computadoras portátiles, es un proyecto educativo». La perspectiva de Negroponte se ve reflejada por la declaración de la misión de OLPC: «El recurso natural más valioso de cualquier país son sus niños. Creemos que el mundo emergente debe potenciar este recurso haciendo uso de la capacidad innata de los chicos para aprender, compartir y crear en forma autónoma. Nuestra respuesta a ese desafío es la computadora portátil XO, una computadora para chicos diseñada para "aprender a aprender"».[2]

En el 2006, Negroponte dejó su posición como presidente de la junta ejecutiva del Laboratorio de Medios del MIT para poder dedicar el resto de su vida al cumplimiento de su sueño de ver niños creciendo y alcanzando su potencial.

HALLANDO UN CAMINO AL ÉXITO

Algunos se apresuraron a criticar el sueño de Negroponte. El presidente de la junta ejecutiva de Intel, Craig Barrett, observó: «El Sr. Negroponte la ha llamado una portátil de $100. Creo que un título más realista sería "el juguete de $100". El problema es que los juguetes no han tenido mucho éxito».[3] Otros pensaron que Negroponte era ingenuamente ambicioso. Él sencillamente siguió adelante.

Para lograr su sueño, Negroponte requería una estrategia para hacer tres cosas: (1) diseñar la computadora, (2) fabricarla a bajo costo y (3) ponerla en manos de niños en todo el mundo por medio de venderla (al costo) a naciones en desarrollo. La primera fue la más fácil de las tres. Aunque los miembros de su equipo enfrentaron su porción de reveses y retrasos, avanzaron con relativa rapidez. Vencieron el segundo obstáculo cuando hallaron un fabricante.

Al llegar a ese punto, Negroponte pensó que lo demás caería en su lugar rápidamente. Pero subestimó enormemente la dificultad de la tercera tarea. Había planeado trabajar directamente con los ministros de educación de siete países clave: China, India, Tailandia, Egipto, Nigeria, Brasil y Argentina. Sin emplear un equipo de ventas y mercadeo, les convencería de comprar de 7 a 10 millones de máquinas en el primer año. Se negaría a trabajar con los países que quisieran probar el programa comprando apenas de veinte mil a

treinta mil computadoras. Una vez que la primera ola de computadoras estuviera en su lugar, razonaba él, el resto del mundo seguiría
el paso y en el año siguiente venderían de 100 a 200 millones de
computadoras.

No sucedió así, los pedidos no llegaron y necesitaban ayuda.
OLPC necesitaba hacer la transición de soñadores a ejecutores estra-
tégicos. Para hacerlo, reclutaron la ayuda de Brightstar, una empresa
fabricante y distribuidora de dispositivos móviles con sede en Miami
que ya estaba trabajando con ellos en otra iniciativa. Contaban
con experiencia en áreas que Negroponte y sus colegas no poseían.
Negroponte reconoció lo siguiente:

> La mayoría de las personas en estas oficinas [la casa matriz de OLPC]
> no están calificadas por su experiencia para efectuar esta transición.
> Somos buenos para desarrollar ideas nuevas y ser revoltosos, y así
> sucesivamente. Así que esa es una de las razones por las cuales tras-
> ladamos básicamente todo lo que se llamaría ventas y mercadeo a
> Miami. Esa gente tiene mucha experiencia haciendo ese tipo de
> cosas y conocen todo el lado de la logística, básicamente desde
> donde termina la fábrica hasta la puerta del aula de clases... Esos
> [procesos estratégicos] son manejados por personas que realmente
> visten como ejecutivos, y conocen ese mundo, ya sea el mundo de la
> política o el de los negocios.[4]

Negroponte no se ha dado por vencido de su sueño. Ha revisado
su estrategia; está dispuesto a hacer lo que sea necesario. Como lo
observó el autor y periodista de tecnología Robert Buderi, Negroponte tiene «las habilidades, contactos, energía y la audacia como
para echarse al agua. Es un hombre adinerado, de una familia

poderosa; ahora tiene 63 años. Ya adquirió fama como fundador del Laboratorio de Medios de MIT, pero en lugar de recostarse, relajarse y disfrutar de la vida, ha decidido levantarse y disfrutarla de manera diferente: trabajando duro por un sueño capaz de cambiar el mundo».[5]

Al momento de escribir estas líneas, aún no ha logrado convertirlo en realidad, mas aun trabaja en ello. En el 2007 se inició una producción en masa de computadoras en el mes de noviembre. En diciembre, Perú hizo un pedido de 260,000 unidades.[6] Otras 190,000 unidades fueron compradas a través de un programa en Estados Unidos en el cual los compradores podían obtener una XO para sí mismos y donar otra a un niño en un país en desarrollo. En los próximos años, tendremos que observar si Negroponte y OLPC son capaces de desarrollar e implementar una estrategia que sea tan grande como lo es su sueño.

¿CUÁL ES TU PLAN?

¿Tienes una estrategia para alcanzar tu sueño? ¿Cómo respondes a la pregunta del camino? ¿Estás tratando de forjarlo, o estás esperando a que tu hada madrina te saque de aprietos? Si eres como algunos de los personajes animados en las películas de Disney, si haces un deseo al ver una estrella fugaz y sencillamente esperas a que se convierta en realidad, ¡quedarás decepcionado!

Es triste ver personas sin sueños. Es igualmente triste cuando tienen sueños pero carecen de estrategia para alcanzarlos, o no tienen manera de subir hasta ellos o de edificar un fundamento bajo ellos. A través de los años, he tratado de ser un levantador de sueños. Por naturaleza, me gusta alentar a los demás. Me encanta motivar a las personas a soñar porque creo que son demasiadas las que apuntan a metas muy bajas en la vida. A veces cuando hablo con ellas y les pido que me compartan sus sueños, veo que les hace falta una conexión entre dónde están y dónde quisieran ir.

—¡Ése es un sueño magnífico! —digo en respuesta a un cuadro que me han pintado. Luego pregunto: —¿Cómo vas a lograrlo?

—Algunos no tienen idea. Eso puede estar bien si, como sucedió en el caso de Mike Hyatt (en el capítulo 2), su sueño es nuevo y apenas han empezado a trabajar en la estrategia. No obstante, si les veo seis meses, un año o cinco años después y aun no tienen una estrategia, están en problemas. Han fracasado en la transición de soñadores a ejecutores.

No existe poder mágico en tener un sueño. Sencillamente no puedes quedarte esperándolo. Tienes que trabajar en buscarlo, y tienes que tener una estrategia que te dé dirección y enfoque para trabajar. La razón por la cual escribí este libro es para darte una oportunidad realista de alcanzar tu sueño. Recuerda, cuantas más respuestas afirmativas des a las diez preguntas acerca de él, mejores serán las probabilidades de que lo logres. La pregunta del camino es el eje central de toda la idea. Si tienes una estrategia para alcanzar tu sueño, tienes una oportunidad excelente de lograrlo. Si no, es como si estuvieras viviendo en la Tierra de la Fantasía.

No existe poder mágico en tener un sueño. Sencillamente no puedes quedarte esperándolo. Tienes que trabajar en buscarlo.

Un amigo recientemente me dio a conocer los resultados de un estudio realizado en el 2005 y publicado por ThinkTQ, una organización dedicada a la capacitación y la publicación. Ilustraba la poca frecuencia con la cual los individuos desarrollan estrategias para lograr sus sueños. Esto es lo que reveló el estudio acerca de las personas examinadas:

- 26 por ciento se enfocan en objetivos específicos y tangibles para lo que desean en la vida.
- 19 por ciento se fijan metas alineadas con su propósito, misión y pasión.
- 15 por ciento escriben todas sus metas con detalles específicos medibles.
- 12 por ciento mantienen una meta claramente definida para cada interés principal en su vida y para cada papel que desempeñan.
- 12 por ciento identifican metas diarias, semanales y a largo plazo relacionadas con fechas límite.
- 7 por ciento toma acción diaria para lograr por lo menos una meta.[7]

Los autores del estudio comentan que «los estadounidenses, nuevamente, merecen una calificación de "reprobado" en esta área crítica de su rendimiento. Dicho sencillamente, fracasan en tomar las... acciones necesarias de modo sistemático para trasladar sus sueños y visiones de sus corazones y mentes hacia sus vidas». El resultado final es que la mayoría de las personas fracasan en tomar acción para lograr sus sueños, y ese fracaso es resultado de la muy poca planificación estratégica.

CÓMO HACER QUE TU SUEÑO SEA SEGURO

La novelista inglesa Mary Webb aconseja: «Ponle montura a tus sueños antes de montarlos». ¿Qué significa eso? Significa que hay que planear para planear. Una estrategia es parte tan importante del sueño como el sueño mismo. La mayoría de las personas concuerdan en que la planificación es importante. No obstante, aun así descuidan el hacerlo. Olvidan convertirlo en parte del proceso. Se ocupan tanto en mirar a las estrellas que se olvidan de desarrollar una estrategia.

Mi meta en este capítulo es ayudarte a planear para planear. Debido a que cada sueño es único, no me es posible darte pautas específicas. Sin embargo, puedo darte un enfoque hacia la planificación para ayudarte. Este es mi enfoque, y se basa en la palabra *seguro*. Espero que sientas que es útil y memorable:

SEÑALA TODAS TUS POSICIONES

El proceso de alcanzar tu sueño es semejante a alcanzar un destino empleando un aparato de GPS (sistema de posicionamiento global, por sus siglas en inglés). Si sabes dónde te encuentras y le indicas dónde quieres ir, el aparato crea un mapa para ti. La diferencia entre el GPS y tú es que a ti te toca crear todas tus direcciones, intersección por intersección. El novelista estadounidense Mark Twain insistía en decir: «El secreto de salir adelante es empezar. El secreto de empezar es desglosar las tareas complejas y abrumadoras en tareas pequeñas y fáciles de manejar, y luego empezar por la primera».

> *«El secreto de salir adelante es empezar. El secreto de empezar*
> *es desglosar las tareas complejas y abrumadoras en tareas*
> *pequeñas y fáciles de manejar, y luego empezar por la primera».*
>
> —MARK TWAIN

Cuando quiero crear un plan para lograr un sueño, empiezo señalando mis posiciones en el proceso...

1. Mi posición presente. En primer lugar, me pregunto: *¿Dónde estoy ahora?* Tengo que ser honesto en cuanto a mi posición presente. Es imposible ignorar la realidad de mi posición presente y lograr el éxito. Si no tengo certeza en cuanto a mi posición actual en relación con mi sueño, entonces pediré a otros que me ayuden a determinarla.

El antiguo presidente de la junta ejecutiva de General Electric, Jack Welch, observó: «La estrategia consiste en primero tratar de comprender dónde estás en el mundo actual, no donde quisieras estar, ni donde esperabas estar, sino dónde estás. Luego consiste en tratar de comprender dónde quisieras estar en cinco años. Finalmente, consiste en evaluar las probabilidades realistas de llegar desde aquí hasta allá».

Si eres como la mayoría de las personas, tal vez no estés muy contento con tu punto de partida. Pero cuando consideres tu posición presente, toma aliento de las palabras de Richard Evans, quien escribió *El regalo de Navidad.* Él dijo: «Todos los que llegaron donde están tuvieron que empezar donde estaban».

2. Mi posición futura. A continuación, pongo en palabras dónde quiero ir. Esto lo hago preguntándome: *¿Cómo se verá mi sueño cuando lo logre?* Identificar mi posición futura me da dirección y motivación para seguir mi sueño. El industrial millonario Henry J. Kaiser, fundador de Kaiser Aluminum, al igual que del sistema de cuidados médicos Kaiser-Permanente, afirmó: «La evidencia está abrumadoramente a favor de que no es posible empezar a lograr lo mejor a menos que uno se fije cierta meta en la vida».

> *«La evidencia está abrumadoramente a favor de que no es posible empezar a lograr lo mejor a menos que uno se fije cierta meta en la vida».*
> —HENRY J. KAISER

3. Las posiciones intermedias. Luego, intento descubrir el camino que está entre aquellos dos puntos haciéndome la pregunta: *¿Cuáles son los pasos que necesito tomar de mi posición presente a la futura?* Es necesario que te fijes una serie de metas pequeñas para llegar donde quieres ir. Como lo señala el autor y amigo Dick Biggs: «Tu sueño es una vista general e idealista de dónde quieres ir; tus metas son declaraciones específicas y realistas de cómo vas a llegar allá».

Cuando empiezas a escribir los pasos que esperas tomar para alcanzar tu sueño, no esperes poder seguirlos de modo rápido ni fácil. Los planes son claros y sencillos. La vida y la búsqueda de sueños son cosas engorrosas. Crear el proceso es el punto de partida y te pone en marcha, pero esto dista mucho de ser una ciencia exacta. El cineasta George Lucas comentó: «Fijarse metas realistas es una de las cosas más difíciles de hacer porque uno no siempre sabe exactamente hacia dónde va, ni tampoco debiera saberlo. Para mí, fijarme sólo las metas de sacar calificaciones aceptables en la escuela y tomar materias en las cuales me sentía algo interesado fue una meta grande, y en eso me enfoqué».

Muchas personas erróneamente creen que han terminado con la pregunta del camino tan pronto saben dónde están, saben dónde quieren ir y han identificado los pasos que pueden llevarlos de un punto al otro. Si eso fuera cierto, habría más gente alcanzando sus sueños. La estrategia consta de más que sólo pasos. Eso nos lleva a la siguiente cosa que es necesario hacer como parte del proceso, después de que hayas señalado tus posiciones.

EXAMINA TODAS TUS ACCIONES

La verdadera diferencia entre buscar un sueño y hacerse una ilusión es lo que haces día a día. John Ruskin, autor británico, crítico de las artes y comentarista social, dijo: «Lo que pensamos, o lo que sabemos, o lo que creemos, a fin de cuentas, es de poca consecuencia. Lo único realmente trascendente es lo que hacemos». Para alcanzar tu sueño, debes:

1. Hacer algo. El proceso se inicia haciendo algo, haciendo *lo que sea,* si eres una persona sedentaria por naturaleza o estás desalentado. John Hancock, uno de los que firmó la Declaración de la Independencia de Estados Unidos, afirmó: «Todas las personas valiosas tienen buenos pensamientos, buenas ideas y buenas intenciones, pero muy pocas de ellas las convierten en acción».

> *La verdadera diferencia entre buscar un sueño y*
> *hacerse una ilusión es lo que haces día a día.*

Al principio, basta con que empieces a moverte. Intenta cosas diferentes. Es mucho más fácil empezar a hacer algo *bien* si ya empezaste a hacer *algo*. Dennis Bakke, cofundador y antiguo presidente de la junta ejecutiva de la firma de distribución de energía eléctrica estadounidense AES, una vez dijo: «Intentamos un montón de cosas, vemos qué es lo que funciona, y luego llamamos a eso nuestra estrategia». En otras palabras, si no sabes *exactamente* qué hacer, no permitas que eso te impida hacer *algo*.

2. Haz algo hoy que esté relacionado con tu sueño. El corredor, autor y cardiólogo George Sheehan observó: «Hay aquellos que siempre están a punto de empezar a vivir. Esperan a que las cosas cambien, hasta que haya más tiempo, hasta que estén menos cansados, hasta recibir un ascenso, hasta establecerse: hasta, hasta, hasta. Siempre parece haber un evento principal que debe suceder primero en sus vidas antes de que empiecen a vivirlas». Si quieres lograr tus sueños, ¡no puedes permitirte ser una de esas personas! ¿Cómo puedes evitarlo? Haciendo algo que te avance hacia tu sueño *hoy*.

Chris Matthews, periodista de TV y anfitrión del programa *Hardball*, aconseja: «Sean cuales sean tus ambiciones, sea cuál sea el campo en el cual deseas entrar, si quieres jugar el partido, tienes que ir donde se juega. Si quieres ser abogado, matricúlate a estudiar Derecho. Si no puedes entrar a la mejor escuela de derecho, entra a la mejor escuela que puedas. Igual con la escuela de medicina o de negocios, o lo que sea. Si quieres entrar a la TV, obtén un trabajo, cualquier trabajo en ese negocio. Lo importante es que consigas puesto en la mesa». Él sabe de ello porque cuando deseaba trabajar en el mundo de la política, se trasladó a Washington, D.C. y tocó las puertas de las oficinas del Congreso hasta obtener un trabajo, cualquier trabajo, para empezar. Eventualmente un senador le contrató para que respondiera las cartas difíciles por unas cuantas horas al día mientras trabajaba el turno de tres de la tarde a once de la noche como oficial de policía en el Capitolio. No era allí donde quería llegar, pero era un comienzo.

Si realmente tienes el deseo serio de lograr tu sueño, ¿qué puedes hacer *hoy* que sea un paso para acercarte a lograrlo? No es posible alcanzar todo el sueño de una sola vez. Tienes que llegar paso por paso, y el único momento en el cual puedes dar un paso es *hoy*. Sigue el consejo del filósofo alemán Johann Wolfgang von Goethe, que dijo:

> Cada indecisión trae sus propios retrasos
> Y se pierden días lamentando los días perdidos.
> Empieza lo que puedes hacer, o creas que puedes hacer,
> Porque la osadía tiene genio, magia y poder.

3. Haz algo cada día que esté relacionado con tu sueño. El partidario del crecimiento personal, Earl Nightingale, observó: «Leemos acerca de personas que navegan alrededor del mundo en un velero de diez metros, o que vencen obstáculos para ganarse una medalla de oro en las Olimpiadas, y luego descubrimos que las suyas son historias de persistencia». Llevaría eso un paso más allá y diría que son historias de persistencia enfocada. El secreto del éxito se halla en tu agenda diaria. Si haces las cosas correctas día tras día, entonces avanzarás y eventualmente lograrás lo que te has propuesto. Eso es lo que importa.

Gana al considerar todas tus opciones

George S. Patton, Jr., general durante la Segunda Guerra Mundial, declaró: «Los generales de éxito hacen planes que encajan todas sus circunstancias, pero no tratan de crear circunstancias que se ajusten a sus planes». Una vez que hayas elaborado un plan para alcanzar tu sueño, es decir, los pasos intermedios que piensas que te conducirán a tu destino, existe el peligro de que te tornes inflexible y que busques mantener tu plan a toda costa. Algunas veces resulta sabio evaluar otras alternativas. Cuando tienes dificultades para avanzar, no seas pronto para modificar tu sueño. En lugar de ello, modifica tu plan.

> *«Los generales de éxito hacen planes que encajan todas sus circunstancias, pero no tratan de crear circunstancias que se ajusten a sus planes».*
> —George S. Patton Jr.

Peter Drucker, frecuentemente denominado el padre de la administración moderna, comprendía la incertidumbre que acompaña a la planificación estratégica. No es una ciencia exacta, y todo el que se involucra en el proceso de crear un camino para alcanzar su sueño deberá comprender la importancia de permanecer flexible durante el proceso. Drucker afirmó: «La planificación estratégica es necesaria precisamente porque no podemos vaticinar... La planificación estratégica no trata con las decisiones futuras, sino con el efecto futuro de las decisiones presentes. Las decisiones existen únicamente en el presente. La interrogante que enfrenta el que toma decisiones estratégicas no es qué debe hacer su organización mañana, sino: "¿Qué tenemos que hacer hoy para estar listos para un mañana incierto?"»[8] La mejor manera de enfrentar la incertidumbre del mañana es considerar nuestras opciones a medida que se desarrollan los eventos.

He observado que la situación frecuentemente es la que determina la mejor estrategia. Tal como muchos mariscales de campo en el fútbol americano reciben la autorización de sus entrenadores de cambiar la jugada cuando observan la formación de la defensa opositora en la línea de ataque, tenemos que estar preparados para hacer modificaciones para lograr nuestras metas. Una mentalidad rígida no nos sirve bien cuando buscamos lograr nuestros sueños.

Sam Walton, fundador de la cadena Wal-Mart, frecuentemente fue descrito como líder visionario. Su sueño era proporcionar valor a sus clientes de modo que sus vidas mejoraran. Pero era notorio porque cambiaba sus planes y abandonaba las estrategias que no funcionaban. El hijo de Sam, Jim Walton, reconoció: «Nos reíamos de algunos escritores que veían a mi papá como un gran estratega que de modo intuitivo desarrolló planes complejos y los puso en marcha con precisión. Mi papá prosperaba con los cambios, y ninguna de sus decisiones era sagrada».

> «No importa lo hermosa que sea la estrategia, de vez en cuando hay que observar los resultados».
> —WINSTON CHURCHILL

Me encanta lo que el primer ministro británico, Winston Churchill, orador hábil y líder inspirado, dijo en cuanto a la estrategia: «No importa lo hermosa que sea la estrategia, de vez en cuando hay que observar los resultados». Los resultados importan. ¿De qué sirve una estrategia magistralmente planificada que no brinda resultados positivos?

UTILIZA TODOS TUS RECURSOS

Pienso que todo escritor sueña con tener un libro que sea éxito de ventas. Sé que así me sucedió. Para 1997, había escrito una docena de libros y aunque había ayudado a bastantes personas, no estaba teniendo el impacto que deseaba. Creo que muchos autores escriben un libro, lo envían a una casa editorial y luego esperan. El único problema de ello: la esperanza no es una estrategia. Sabía que si iba a tener oportunidad alguna de llegar a una lista de *los más vendidos*, iba a necesitar una estrategia.

Porque soy líder, naturalmente pienso en términos de recursos. Sé que si más recursos entran en juego para lograr una meta, mayores serán las probabilidades de éxito. Así que hice un inventario y ésta fue mi evaluación de lo que tenía:

◈ *Una idea realmente buena para un libro.* Eso podría sonar evidente, pero todo empieza allí. Hay que crear algo que tenga valor para ser un autor de éxito. No puedes entrar al proceso preguntándote: ¿Cómo puedo vender suficientes libros para tener un éxito de ventas? Lo que tienes que preguntar es: ¿Qué puedo escribir que ayude a otras personas tanto que se convierta en un éxito de ventas? Mi respuesta fue *Las 21 leyes irrefutables del liderazgo.* Creía que ese libro podría añadir valor a las personas deseosas de aprender acerca del liderazgo.

◈ *Un equipo excelente.* Para esta época, estaba rodeado de personas excelentes. Tenía a un buen escritor, una casa editorial maravillosa, Thomas Nelson, que deseaba verme alcanzar el éxito. Y tenía mi propia empresa, la cual contaba con mucha experiencia para organizar eventos. El entrenador de la NBA Pat Riley ofrece esta opinión en cuanto al trabajo en equipo: «El trabajo en equipo exige que los esfuerzos de todos fluyan en un solo sentido. Los sentimientos de trascendencia surgen cuando la energía del equipo cobra vida por sí misma». Todos los miembros de estos equipos estaban listos y dispuestos a trabajar para lograr la meta de tratar de hacer que este libro llegara a la lista de *bestsellers.*

◈ *Una fecha límite.* Para llevar a cabo tareas grandes e importantes, se necesitan dos cosas: un plan y un tiempo no suficiente. Una fecha límite te empuja a lograr cosas para un momento designado. Sabíamos que si íbamos a tener cualquier oportunidad de ser reconocidos por la industria editorial, era necesario que lográramos que las personas compraran los libros en un marco reducido de tiempo.

◈ *Creatividad.* Cuando nuestros dos equipos sostuvieron sesiones de lluvias de ideas, surgieron magníficas ideas. Finalmente decidimos ir de gira para promover el libro en quince ciudades en cinco días. Arrendamos un *jet,* atendimos cuestiones de logística para tener eventos gratuitos en las ciudades, invitamos a las librerías locales a vender libros en estos eventos e hicimos mucha publicidad. Cuando todo estuvo dispuesto, partimos hacia Tampa, Atlanta, Charlotte, Washington, D.C., Pittsburgh, Columbus, Indianápolis, Grand Rapids, St. Louis, Dallas, Oklahoma City, Denver, San José, Los Ángeles y San Diego.

❖ *Oportunidad.* Todo eso fue bastante trabajo, pero apenas nos dio la oportunidad de presentarnos delante de la gente. Todavía restaba que ellos decidieran comprar el libro. En cada ciudad, planeé enseñar partes de *Las 21 leyes irrefutables del liderazgo* y los individuos tendrían la oportunidad de comprar el libro a los representantes de una librería local. Afortunadamente, a la gente le encantó. Muchos propietarios de negocios que asistieron compraron cajas de libros para usarlos para entrenar a sus líderes y hablaron con otros acerca del libro y así las ventas empezaron a darse. A fin de mes, el libro *Las 21 leyes irrefutables del liderazgo* entró a tres listas de *bestsellers.* ¡Permaneció en una lista de libros sobre temas de negocios por veintitrés meses! Once años después, se han vendido más de dos millones de copias de ese libro.

Piensa en tu sueño. Tal vez no desees escribir libros. Tal vez quieras ganarte una medalla olímpica o edificar una gran empresa o criar a tus hijos para que alcancen su potencial. No importa el sueño, necesitarás recursos. ¿Qué tienes disponible? ¿Qué bienes posees? ¿Quién puede ayudarte? Haz una lista. No basta con planificar. Necesitas utilizar todos los recursos que tengas para poder convertir tu sueño en realidad.

RETIRA TODO LO NO ESENCIAL

Piensa en tu sueño por un momento. Piensa en todo lo que resultará de ello. Si eres como la mayoría de las personas, te vendrán a la mente los beneficios que recibirás, los lugares donde irás, las personas que conocerás, las cosas que poseerás y la posición o título que obtendrás. ¿Observas algo peculiar en esa lista? Contiene elementos que *añaden* valor a ti solamente. No contiene ninguno de los elementos que tendrás que *abandonar* para lograrlo. Sin embargo, si quieres ascender, será necesario que abandones algunas cosas.

Los sueños grandes tienen su precio. Cuando llegues al capítulo 7, a la pregunta del costo, aprenderás más al respecto. Recuerda esto: *tendrás* que abandonar algunas cosas para lograr tu sueño y el desafío más grande no es abandonar las cosas que evidentemente te perjudicarían, sino abandonar las cosas buenas que te gustan pero que no te ayudan. Por ejemplo, a un amigo le encanta el golf, sin embargo no lo ha jugado en más de quince años porque sus hijos están jóvenes y el juego le quita demasiado el tiempo que pasaría con ellos. Hay muchas tareas que me gusta hacer, pero las delego porque otra persona puede hacerlas casi tan bien como yo. Me encanta investigar temas, mas he dejado mucho de ese trabajo a mis empleados. Hay cosas que *sólo* yo puedo hacer; en ellas me enfoco.

Retirar los elementos no esenciales de tu rutina diaria será una lucha constante, no obstante vale la pena librarla. ¿Por qué? Porque la mayoría de las personas que fracasan en lograr su sueño no son detenidas por una barrera insalvable que les sale en el camino. No, frecuentemente se cansan porque intentan llevar demasiadas cosas en su viaje. Si quieres alcanzar tu sueño, necesitas abandonar las cosas que realmente no importan para que puedas lograr las cosas que sí.

OCÚPATE DE TODOS LOS DESAFÍOS

Una vez que has señalado tus posiciones, examinado tus acciones, ganado al considerar tus opciones, utilizado todos tus recursos, retirado lo no esencial, todavía resta hacer una cosa más: ocuparte de los desafíos. El rey Salomón, considerado como el hombre más sabio que jamás haya vivido, escribió: «El avisado ve el mal y se esconde; mas los simples pasan y llevan el daño».[9]

El camino a todo sueño está repleto de desafíos. Anticípalos. Mejor aun, prepárate para enfrentarlos. ¿No preferirías mirar hacia delante y prepararte que tener que mirar atrás con pesar? Probablemente puedes visualizar tu sueño. Ahora visualízate venciendo algunos de los desafíos que enfrentarás. El primero es el fracaso. Todos experimentamos fracaso en la búsqueda de nuestros sueños. Una de tus metas es perseverar en él a través de tus fracasos hasta que finalmente logres el éxito.

Conocí al psicólogo de los deportes Rob Gilbert hace varios años cuando estaba desarrollando un entrenamiento de líderes con los entrenadores de las Universidades de Carolina del Norte y Duke. Durante una cena, pregunté a Rob qué era lo que distinguía a los atletas que alcanzaban el éxito de los que no. Su respuesta fue sencilla y profunda: «Los que pierden visualizan la pena del fracaso; los que ganan, la recompensa del éxito».

> *«Los que pierden visualizan la pena del fracaso;*
> *los que ganan, la recompensa del éxito».*
> —ROB GILBERT

Puesto que experimentarás el fracaso, te sugiero que lo conviertas en tu amigo. Creo esto con tanta fuerza que escribí un libro completo sobre el tema, llamado *El lado positivo del fracaso*. Cuando el fracaso sucede, es necesario que te ocupes de recibirlo, examinarlo y aprender de él. Si lo haces, no continuarás repitiendo el mismo error una y otra vez, y como resultado también te tornarás emocionalmente fuerte.

El segundo desafío que te será necesario enfrentar y vencer es la inflexibilidad. El jubilado general Wesley K. Clark observó que «sólo hay dos clases de planes. Los que tal vez den resultado y los que no. No existe cosa tal como el plan perfecto. Tienes que tomar uno que tal vez funcione y hacerlo funcionar».

> *«Sólo hay dos clases de planes. Los que tal vez den*
> *resultado y los que no. No existe cosa tal como el plan*
> *perfecto. Tienes que tomar uno que tal vez*
> *funcione y hacerlo funcionar».*
> —WESLEY K. CLARK

Mientras trabajas por permanecer flexible, recuerda que aunque el sueño puede permanecer igual, todo lo demás está sujeto a cambios: calendarios, recursos, suposiciones, planes y miembros del equipo. La ocurrencia que dijera el comediante Bill Cosby: «En un palomar sólo caben palomas», es jocosa pero cierta. Permanece flexible y prepárate para los cambios. Prepárate a emplear dos habilidades: el pensamiento crítico que pregunta: «¿Qué cosa debe cambiar?» y el pensamiento creativo que pregunta: «¿Cómo podemos cambiarlo?» Si puedes permanecer flexible y emplear esas maneras de pensar, tienes una buena probabilidad de enfrentar tus desafíos y vencer tus obstáculos.

No existe garantía alguna de que al seguir estos pasos harás que tu sueño sea SEGURO. Sin embargo, si tienes un plan, permaneces flexible, enfocas tus esfuerzos, obtienes tus recursos y trabajas duro cada día para acercarte más a tu sueño, tendrás una buena oportunidad de alcanzarlo. Cuando pongas tu estrategia en práctica y andes por el camino hacia tu sueño, recuerda el proverbio italiano: «Del dicho al hecho hay mucho trecho».

Los sueños no llegan rápida ni fácilmente, y las recompensas no llegan sino hasta mucho después. Así que ten paciencia y sigue trabajando. Para lograr tu sueño necesitas empezar bien y necesitas terminar bien.

¿PUEDES RESPONDER AFIRMATIVA-
MENTE A LA PREGUNTA DEL CAMINO:
TENGO UNA ESTRATEGIA PARA
ALCANZAR MI SUEÑO?

Cuando consideres tu estrategia para alcanzar tu sueño, utiliza el acróstico SEGURO como medio auxiliar durante el proceso de planificación.

Señala todas tus posiciones:

> ¿Cuál es tu punto de partida?
>
> ¿Cuál es tu punto de llegada?
>
> ¿Cuáles son los pasos que anticipas habrá entre ellos?

Examina todas tus acciones:

> ¿Cuáles son las acciones que debes llevar a cabo cada día para acercarte a tu sueño?

Gana al considerar todas tus opciones:

> ¿Cuáles son las partes de tu estrategia que estás dispuesto a modificar para seguir avanzando?

Utiliza todos tus recursos:

> ¿Qué recursos tienes a la mano? (Menciona todo lo que te venga a la mente.)

Retira todo lo no esencial:

> ¿Cuáles actividades realizas que en la actualidad no contribuyen al viaje hacia tu sueño?

Ocúpate de todos tus desafíos:

> ¿Cuáles son los problemas, obstáculos y fracasos que anticipas en el viaje hacia tu sueño?
>
> ¿Qué puedes hacer para evitar lo que puede evitarse?

¿Qué puedes hacer para prepararte para enfrentar tus desafíos?

¿Qué necesitas hacer para prepararte para el fracaso?

Utiliza las respuestas a las preguntas anteriores para escribir (1) disciplinas diarias, (2) metas mensuales y (3) metas a largo plazo (de varios años). Después sigue estas cosas, pero recuerda que *tendrás* que cambiar algunas de ellas en las semanas, meses y años por venir. Eso está bien. Cada vez que las cambias, mejoras y aumentas tus probabilidades de éxito.

CAPÍTULO 6

La pregunta del personal:
¿He incluido a las personas que necesito para convertir mi sueño en realidad?

Un paso grande de tu desarrollo se demarca cuando te percatas que otros pueden ayudarte a hacer un mejor trabajo que el que puedes hacer solo.

—ANDREW CARNEGIE

No importa cuál sea tu sueño, ya sea de artista, empresario, político o ganador del Premio Nobel, tendrás que interactuar con otros. A menos que tu sueño sea trabajar en un vacío y permanecer desconocido para los demás, tendrás que aprender a trabajar con otros como compañeros o patrocinadores, jefes o colegas, clientes o electores, consumidores o críticos. Las personas podrían ser un factor grande o uno pequeño, dependiendo de lo que busques hacer. Pero no importa qué, tendrás que incluir a personas si quieres convertir tu sueño en realidad.

No tomó mucho tiempo para que yo aprendiera esta verdad. Acepté mi primera posición de liderazgo en 1969, apenas semanas después de haberme graduado de la universidad y de haberme casado con Margaret. Tenía sueños grandes de edificar una iglesia enorme e influyente. Sin embargo, aquella primera posición era en una pequeña, en una zona rural del estado de Indiana que no contaba con muchos recursos financieros. Cuando Margaret y yo nos reunimos con los líderes de aquella iglesia, me ofrecieron un salario de ochenta dólares por semana y me dijeron que me daban libertad de buscar empleo adicional para cubrir mis gastos.

—No —respondió Margaret a los líderes—, aun si el salario es como de tiempo parcial, John entregará todas sus energías a la iglesia de tiempo completo. Él será un gran líder.

Margaret tomó tres trabajos para mantenernos a flote en lo financiero: enseñó en el jardín de infantes, trabajó a tiempo parcial en una joyería y limpiaba casas. Tengo muchas cosas que agradecerle a Margaret, y ella ha sido parte vital del viaje de mi sueño, pero nunca olvidaré lo lleno de autoridad que me hizo sentir cuando se levantó a favor de mi persona y de mi sueño en una época tan temprana de nuestro matrimonio. Ninguno de mis sueños se hubiera hecho realidad sin ella.

AYUDA POR EL CAMINO

Según el pastor y amigo mío Chris Hodges, «un sueño es una visión convincente que ves en tu corazón y que es demasiado grande para lograrla sin la ayuda de otros». He hallado que eso es cierto en mi vida. No podría haber realizado ninguno de mis sueños sin la ayuda de otros. La lista de las personas que han marcado una diferencia en mi vida es extensa. Literalmente cientos y cientos me han ayudado a vivir mis sueños. Algunos me han inspirado; otros han venido a mi lado para ayudarme; muchos adoptaron mis sueños como propios; todos marcaron una diferencia y añadieron valor a mi vida en maneras que no soy capaz de expresar adecuadamente. Cada una de estas personas es sumamente especial para mí, y me siento agradecido en gran manera por la ayuda.

> *«Un sueño es una visión convincente que ves en tu corazón y que es demasiado grande para lograrla sin la ayuda de otros».*
>
> —CHRIS HODGES

Si quieres convertir tu sueño en realidad, necesitas un equipo que te ayude. Es difícil preparar una lista de todas las cosas que un equipo puede hacer a tu favor. Son tantas cosas. Recientemente hice el intento de describir con palabras cómo me ayuda mi equipo. Esto fue lo que escribí:

Mi equipo me hace ser mejor de lo que soy.

Mi equipo multiplica mi valor para otros.

Mi equipo me permite hacer lo que mejor hago.

Mi equipo me permite ayudar a otros a que ofrezcan lo mejor de sí.

Mi equipo me da más tiempo.

Mi equipo me proporciona compañerismo.

Mi equipo me ayuda a satisfacer los deseos de mi corazón.

Mi equipo acrecienta mi visión y mis esfuerzos.

Mi equipo me faculta para convertir mi sueño en realidad.

Sin mi equipo, no me sería posible hacer nada trascendental.

¿QUIÉNES DEBEN FORMAR PARTE DE TU EQUIPO DE ENSUEÑO?

¿Cómo respondes a la pregunta del personal, que dice: He incluido a las personas que necesito para convertir mi sueño en realidad? Cuando hablo con los que sienten pasión por su sueño y tienen una visión clara del mismo, siempre les pregunto a quiénes han reclutado para ayudarles a lograrlo. La mayoría de los líderes buenos sabe que no es posible alcanzarlo por sí solos, y empiezan a mencionar los nombres de las personas que laboran con ellos. Pero algunos parecen quedar confundidos por esa pregunta. Nunca se les ocurre que necesitarán la ayuda de otros para lograr sus sueños.

He hallado que lo siguiente es cierto:

> Algunos tienen un sueño, pero carecen de equipo. Su sueño es imposible.
> Algunos tienen un sueño, pero tienen un equipo malo. Su sueño es una pesadilla.
> Algunos tienen un sueño y están edificando su equipo. Su sueño tiene potencial.
> Algunos tienen un sueño y un equipo magnífico. Su sueño es inevitable.

No basta con tener un sueño; también hay que tener un equipo de ensueño.

No basta con tener un sueño; también hay que tener un equipo de ensueño.

Las personas reconocen esta verdad en los deportes. Comprenden que no es posible ganar si no se tienen los jugadores adecuados. No obstante, este principio también se aplica a los demás aspectos de la vida. Si quieres lograr tu sueño, necesitarás contar con otros que estén dispuestos a venir a tu lado y trabajar contigo. Así fue con Arnold Schwarzenegger, de quien escribí en el capítulo de la pregunta de la posesión. Él da mucho crédito a Reg Park, quien lo inspiró; a Franco Columbo, su amigo cercano y compañero de ejercicios desde sus primeros días en Munich; a Joe Weider, que le ayudó a ascender al siguiente nivel de fisiculturismo en Estados Unidos; a Charlotte Parker, su publicista, por promoverle de modo incansable; y, por supuesto, a María Shriver, su esposa, por su apoyo incondicional.

Así también sucedió con Mike Hyatt, de quien escribí en el capítulo de la pregunta de la claridad. Sin su equipo, nunca habría podido darle la vuelta a su división para tornarla en la más productiva de la empresa, ni tampoco se habría convertido en presidente de la junta ejecutiva de Thomas Nelson.

Andy Hull, aquel músico joven que describí en el capítulo que trata sobre la pregunta de la realidad, se apoya en los compañeros de su banda cada día que se presentan. Me contó lo crucial que fue para él asociarse con el sello disquero adecuado, el abogado adecuado y el representante adecuado. La comunidad que está creando *es la razón* por la cual hace lo que hace.

Bob Taylor no habría alcanzado el éxito sin su socio de tantos años Kurt Listug, o sin los miembros clave de su equipo de líderes.

Y Nicholas Negroponte, un genio de la tecnología, cuenta con un equipo completo de personas brillantes que desarrollaron su computadora portátil y con otro equipo que trabaja para distribuirla.

Lee la historia de *cualquier* persona de éxito que haya logrado su sueño, y hallarás que se encuentra rodeada por otras que le han ayudado a alcanzarlo.

Antes de que respondas a la pregunta del personal, tal vez estés haciéndote una pregunta tú mismo: ¿Qué clase de personas debieran ser miembros de tu equipo? Eso depende de tu sueño. Hace varios años, mi amigo Walt Kallestad, presidente de la junta ejecutiva de Joy Company, me dio un acróstico que identifica las cualidades de los individuos que deben ser miembros del equipo de ensueño de toda persona. Él dice que los miembros del equipo de ensueño, o *Dream Team*, según se conoce en inglés...

Deciden enfocarse en tu trascendencia y no tan sólo en tu éxito.

Responden a tus ideas con respeto, no con enojo ni desprecio.

Esperan lo mejor.

Afirman tus talentos y habilidades.

Maximizan las oportunidades de aprendizaje y de crecimiento para mejorar el sueño y al soñador.

Toman el tiempo para darte comentarios honestos.

Exhortan sin condiciones y sin actitudes condenadoras para ayudarte a perseverar.

Aceptan solamente lo excelente, ya que la mediocridad mata los sueños.

Marcan lo que más se puede aprovechar de tus errores y fracasos.

Te comparto el acróstico de Walt porque pienso que es bueno. Tal vez quieras usarlo mientras buscas responder a la pregunta del personal o tal vez quieras usar los tres criterios que he desarrollado para los miembros de tu equipo de ensueño. Al leerlos, piensa cómo esta clase de personas podrían ayudarte mientras buscas tu sueño.

MI EQUIPO DE ENSUEÑO INCLUYE A PERSONAS QUE ME INSPIRAN

La inspiración frecuentemente origina los sueños, ¡pero también la necesitamos para mantener los sueños con vida! Todos necesitamos personas que nos exhorten, que nos alienten y nos eleven a un nivel superior. Algunas personas sencillamente tienen ese efecto sobre nosotros. Cuando estamos con ellos, nos motivan a vivir con más fuerza, a pensar mejor, a trabajar más duro y a arriesgar más. ¡Nos inspiran a continuar!

Robert Schuller ha sido un alentador de sueños para millones de personas, incluyéndome a mí. Cuando se lanzó mi libro, *El lado positivo del fracaso*, le regalé la primera copia. Cenamos juntos y le agradecí por el aliento que me había dado a través de sus libros y palabras gentiles. Frecuentemente me ha inspirado para vencer los desencantos y fracasos.

Una de las cosas que sucede al buscar nuestros sueños es que a menudo nos desviamos y nos encontramos tomando desvíos que no queríamos. En tales momentos, necesitamos de personas que continuarán con nosotros. Me encanta lo que dice Oprah Winfrey respecto a este tema. Ella señala: «Muchas son las personas que quieren viajar contigo en la limosina, pero los que tú quieres son los que viajarán en autobús contigo cuando se dañe la limosina».

> *«Muchas son las personas que quieren viajar contigo en la limosina, pero los que tú quieres son los que viajarán en autobús contigo cuando se dañe la limosina».*
>
> —OPRAH WINFREY

Muchos estuvieron dispuestos a «viajar en autobús» conmigo, aun antes de que tuviera automóvil, mucho menos una limosina. Esas personas son muy queridas para mí porque creyeron en mí incluso cuando yo no lo hacía. Me escuchaban sin condenarme y me amaron incondicionalmente, aun cuando yo no era muy fácil de amar. Sin ellos, no habría albergado las esperanzas que necesitaba para continuar buscando mi sueño.

MI EQUIPO DE ENSUEÑO INCLUYE A PERSONAS QUE SON HONESTAS CONMIGO

Otras personas que necesito en mi equipo de ensueño son individuos que estén dispuestos a decirme la verdad. Esto pudiera parecer inicialmente contradictorio al deseo de incluir a personas que me inspiren, pero no es así. No busco a quienes estén deseosas de derribarme. En lugar de ello, busco a personas dispuestas y capaces de darme comentarios constructivos. Eso es particularmente importante en el área de los sueños porque, como lo afirmó Demóstenes, el orador griego: «Nada es más fácil que engañarnos a nosotros mismos, pues lo que deseamos, fácilmente lo creemos».

Muchas personas nunca piden comentarios honestos de los demás. Opino que temen a la realidad y se preocupan de que si alguien les dice la verdad, esto les desanimará tanto que abandonarán su sueño.

Pero sin comentarios honestos este es poco más que una fábula, y un sueño que es incapaz de sobrevivir a las críticas honestas es uno que probablemente nunca se convertirá en realidad.

A principios de mi carrera, fui culpable de no pedir opiniones honestas de los demás. Al igual que muchas personas de veintitantos años de edad, creí saber lo mejor. El resultado fue que no logré cumplir muchos de mis primeros sueños. No obstante, al irme convirtiendo en mejor líder y con la intensificación de mi hambre por conseguir mis sueños, aumentó la confianza en mí mismo. Empecé a hacerles preguntas a otros, y los resultados fueron dramáticos. Empecé a crecer y a mejorar.

Cuando desconoces tus defectos, ¡no es posible corregirlos! Por ejemplo, en mis primeros intentos de predicación, no era muy bueno. Me preparaba bien y me esforzaba, sin embargo mis predicaciones usualmente no eran muy eficaces. Luego de un período de frustración, me humillé y pedí consejo a comunicadores excelentes. Frecuentemente me dijeron cosas que yo realmente no quería oír, pero me era necesario escuchar y aprender. Presté atención a las cosas que resonaron en mi interior; frecuentemente esto era señal de que estaba escuchando acerca de algo que me era necesario mejorar. Las cosas que más me molestó escuchar, o que más resistía eran las que necesitaba desarrollar más. Y si dedicaba tiempo a reflexionar sobre lo que me decían y buscaba la manera de progresar, usualmente lo hacía de modo dramático.

El autor Stephen R. Covey observó: «Hay que tener humildad para buscar los comentarios. Se necesita sabiduría para comprenderlos, analizarlos y actuar de modo apropiado respecto a ellos». También se necesita humildad para mostrar aprecio por el valor de la otra persona en darte sus comentarios honestos. Las buenas noticias son que si buscas consejo y muestras aprecio por recibirlos, envías el mensaje de que tu deseo de crecer es mayor que tu ego y que invitas a que te hagan comentarios en el futuro que te ayuden a continuar mejorando.

> *«Hay que tener humildad para buscar los comentarios. Se necesita sabiduría para comprenderlos, analizarlos y actuar de modo apropiado respecto a ellos».*
> —STEPHEN R. COVEY

Si quieres beneficiarte del valor de tener a otros a bordo con tu sueño, pídeles sus opiniones. Si las pides y luego escuchas, eso hará una diferencia de inmediato.

MI EQUIPO DE ENSUEÑO INCLUYE A PERSONAS CUYAS HABILIDADES COMPLEMENTAN A LAS MÍAS

No puedes hacerlo todo, ni yo tampoco puedo. Las personas de éxito buscan la ayuda de individuos que tienen habilidades en áreas diferentes a las propias. La mayoría de los miembros de mi equipo de ensueño son sumamente diferentes a mí en lo que a sus dones respecta. Nuestro equipo podrá tener los mismos valores, visión y prioridades, pero cada miembro es diferente en las áreas de habilidades y temperamento. Como resultado de ello, juntos alcanzamos más de lo que lograríamos de modo independiente unos de los otros. Nos complementamos y nos completamos unos a otros.

Los tipos de personas que necesitas en tu equipo dependen de tus habilidades en particular, tu experiencia y tu temperamento. Piensa en tu estrategia para lograr tu sueño. ¿Qué es necesario hacer para conseguirlo? ¿Cuáles de esas cosas encajan mejor con tus habilidades? ¿Cuáles requerirán de la ayuda de otros con habilidades diferentes? ¿Dónde necesitarás a personas con experiencia? ¿Qué tipos de tareas requerirán un temperamento diferente al tuyo?

La persona que ha llegado hasta donde está por su propio esfuerzo realmente no existe. Las personas de éxito han recibido ayuda de los demás en su camino, ya sea que lo reconozcan o no. Conocer esta verdad puede liberarte para que admitas que necesitas ayuda y que la empieces a buscar. Y ese es un paso crucial del proceso de lograr el éxito. El siguiente paso consiste en traer a esos individuos a bordo para que estén dispuestos a hacer el viaje hacia el sueño contigo.

PARA RECLUTAR MIEMBROS DEL EQUIPO, TRANSFIERE LA VISIÓN

He conocido a mucha gente con sueños grandes que nunca los han alcanzado porque no han podido hacer que otros vean su visión y la adopten. Creían que si el sueño era digno de lograrse, las personas sencillamente buscarían ser parte de él. Así no se recluta un equipo. Las personas que caen en esta trampa pueden ser visionarias, trabajar duro y tener intenciones nobles, pero no tendrán éxito si no aprenden a transferir la visión a los demás. Quedarán condenados a experimentar la maldición que según cuentan se utiliza en Rumania, la cual dice: «Que tengas una idea brillante, que sepas que es correcta, y que seas incapaz de convencer a los demás de ella».

El autor y crítico John Ruskin comprendía el poder, y el desafío de comunicar la visión. Afirmó: «La cosa más grande que el alma humana hace en esta vida es *ver* algo, y contar lo que *vio* de manera clara. Cientos de personas pueden hablar por cada uno que puede pensar, pero miles pueden pensar por uno que puede ver. Ver con claridad es poesía, profecía y religión mezcladas en una».[1]

Evidentemente, la habilidad de comunicarse es importante para transferir el sueño a otros. No obstante se necesita más que eso. Se necesita credibilidad y convicción. Los buenos comunicadores pueden presentar una visión; un sueño sólo puede presentarlo uno que lo vive y lo respira. Convencer a otros de la trascendencia de tu sueño puede suceder únicamente si *tú* estás convencido de su trascendencia. Requiere tener el mensaje correcto, comunicado por el mensajero correcto a la audiencia correcta. El psicólogo, autor y orador Larry Crab describe esta convergencia, diciendo: «La visión que les damos a otros de quiénes y qué podrían llegar a ser tiene poder cuando hace eco de lo que su espíritu ya ha hablado a sus almas». Ese poder puede convencer a las personas de unirse a ti para seguir tu sueño, y realza grandemente tus probabilidades de éxito.

¿Cómo se transfiere la visión de tu sueño y cómo hacerlo con poder? Un antiguo refrán chino dice: «La voluntad es como un carro tirado por dos caballos: la mente y las emociones. Los dos caballos deberán tirar en una misma dirección para que el carro avance». Concuerdo con eso, mas creo que hay un tercer «caballo» que entra en juego: la visualización. Para comunicarse con las personas y establecer una conexión eficaz entre ellos y tu sueño, es necesario que lo hagas de modo lógico, emotivo y visual.

1. Transfiere el sueño de modo lógico

Lo que la gente no cree, no adopta. La capacidad de comunicar tu sueño de manera lógica es el primer paso para ganar credibilidad con los demás. Si no pasas esta primera puerta del intelecto de los demás, no podrás avanzar más. ¿Cómo puede hacerse esto? Primero, comunicando una descripción realista de la situación actual. Cada vez que comunicas tu visión a otras personas, lo primero que preguntan es: «¿Pero qué de...?» Si no lo dicen en voz alta, lo dicen para sí mismos, y continuarán diciéndolo hasta que hayas respondido a todas sus inquietudes.

> *Para comunicarse con las personas y establecer una conexión eficaz entre ellos y tu sueño, es necesario que lo hagas de modo lógico, emotivo y visual.*

Necesitas demostrar que comprendes la situación por lo menos igual de bien que ellos. Eso requiere ser extremadamente cuidadoso al compartir tu sueño y no insistir en sus beneficios positivos mientras que se ignoran los hechos. Recuerda que cuando Mike Hyatt comunicó su sueño de darle la vuelta a su división en Thomas Nelson, puso todas las cartas sobre la mesa. Hizo saber a todos que *él* sabía lo precaria que era la situación.

La segunda cosa que hay que hacer para transferir la visión de modo lógico es proveer una estrategia sólida. Una buena estrategia siempre desglosa el sueño en partes fáciles de manejar. Si un sueño parece demasiado grande e inalcanzable, las personas se desalientan y pierden el interés rápidamente. Cuando los sueños grandes se descomponen en partes pequeñas y cada parte se entrega a campeones individuales, las tareas parecen ser más alcanzables y cada participante desarrolla un sentido mayor de posesión y participación personal.

Existe un verdadero arte para comunicar toda esta información de modo eficaz sin ser abrumado por los detalles ni aburrir a la gente. Hay que dar suficiente información para satisfacer a la mayoría de los individuos, pero no tanta que los pierdas. Requiere habilidad y práctica. Para transferir la visión, hay que aprender a hacerlo.

2. Transfiere el sueño de modo emotivo

Cuando puedes presentar tu sueño de modo lógico, las personas frecuentemente dejan de resistirse a él. Eso no significa que darán un paso al frente para adoptarlo. Para hacer que se conecten con tu sueño, es necesario establecer una conexión emotiva con ellos. Lo que la gente no siente, no adopta. Esta es la manera en la cual puedes conectar a las personas con tu sueño a nivel emotivo:

Muéstrales el sueño desde la perspectiva de ellos. Se ha dicho que el gran filósofo y poeta Ralph Waldo Emerson y su hijo lucharon y se esforzaron para tratar de meter a un ternero en su granero. Bañados de sudor y habiendo agotado todas sus ideas, estaban a punto de darse por vencidos cuando una sirvienta irlandesa se acercó. Caminó hasta el ternero, metió un dedo en la boca del animal y el ternero, asociando la sensación con su madre, pacíficamente siguió a la joven hasta el granero.

Las personas no son muy diferentes a ese ternero, puedes empujarlas y darles de pinchazos pero nunca lograr que hagan lo que quieres. No obstante, si les ayudas a sentir que se beneficiarán, es probable que te sigan. Las personas hacen las cosas por sus propias razones, no por las tuyas ni las mías; y sus razones casi siempre están vinculadas con sus emociones.

Me encanta la historia de Michael Faraday, inventor del primer motor eléctrico, cuando presentó su nuevo aparato al Primer Ministro británico William Gladstone. Él esperaba obtener apoyo del gobierno y mostró un modelo un tanto rústico de su invento: un alambre enrollado alrededor de un imán. Gladstone mostró poco interés.

—¿Para qué sirve? —preguntó el estadista a Faraday.

—Un día podrás cobrar impuestos por él —respondió el científico. Faraday pudo haber explicado los principios de física tras su invento; pudo haber explicado sus aplicaciones prácticas; en lugar de ello, apeló a los intereses del político.

No sé si esa historia es cierta, sin embargo nos enseña una verdad. Si quieres persuadir a otras personas de tus sueños, necesitas hablar en el idioma de sus intereses, no de los tuyos.

Muéstrales tu corazón. Tan sólo porque la gente quiera saber qué provecho hay para ellos cuando compartes tu sueño, no significa que no les interesa lo que significa para ti. La gente adopta al soñador antes de adoptar el sueño. Para transferirlo de modo emotivo, es necesario que permitas que la gente vea tu corazón y tus esperanzas. Compartir tu corazón cuenta tu historia; compartir tus esperanzas cuenta la historia de tu sueño y cómo impactará el futuro.

> *La gente adopta al soñador antes de adoptar el sueño.*

Es posible que comuniques la idea de tu sueño en cuestión de minutos, pero te tomará mucho más tiempo convencer a los demás de dónde se encuentra tu corazón. Requiere de paciencia de tu parte; esperar a que las personas se conecten a nivel del corazón no es señal de debilidad; es señal de sabiduría. La fortaleza no consiste en correr adelante, sino en adaptar tu paso al ritmo lento de los demás mientras continúas guiando. Si corremos demasiado al frente, perdemos nuestro poder para influir sobre los demás.

Los expertos en mercadeo y ventas dicen que las personas por lo general necesitan escuchar una idea siete veces antes de adoptarla y hacerla suya. El tiempo necesario para esta posesión varía, según cada persona. Hablando en términos generales...

10 por ciento de las personas son pioneras,

70 por ciento son sedentarias, y

20 por ciento son antagonistas.

Proponte como meta ganarte a los pioneros y esperar a los sedentarios. Si comunicas tu corazón bien, lo vives con integridad y esperas al tiempo correcto, tu sueño obtendrá credibilidad y pasará de ser una buena idea a ser una idea magnífica ante sus ojos. Cuando estés listo para avanzar, hazlo con ese 80 por ciento y deja atrás a los antagonistas.

Muéstrales los beneficios. El autor y comentarista social Studs Terkel observó: «Creo que la mayoría de nosotros, tal como los trabajadores de la línea de ensamblaje, tenemos empleos que son demasiado pequeños para nuestro espíritu. Los empleos no son suficientemente grandes para la gente». No obstante, los sueños sí lo son.

Un sueño grande beneficia a todos. Tu tarea es ayudar a que los demás vean los beneficios. Necesitas ayudarles a conectarse con las oportunidades de crecimiento personal, de hallar satisfacción y de aumentar su autoestima. Necesitas brindarles todas las razones que tienes para que se unan a ti, y si no puedes ofrecer una cantidad abundante de razones por las cuales ellos debieran participar contigo, nada tienes que hacer tratando de reclutarlos para tu equipo.

3. TRANSFIERE EL SUEÑO DE MODO VISUAL

Una vez que has logrado que las personas comprendan tu sueño lógicamente y que se conecten con él emotivamente, el paso final para transferirlo consiste en hacerlo real para ellos visualmente. En realidad lo que necesitas es darle vida. ¿Por qué? Porque lo que la gente no ve, no lo adopta.

El novelista Leo Tolstoy dijo: «No debemos mostrar la vida ni como es ni como debe ser, sino sólo como la vemos en nuestros sueños». Eso podemos lograrlo pintando cuadros verbales, podemos hacerlo usando fotografías o filme, pero la imagen más convincente la proyectamos cuando vivimos lo que buscamos comunicar.

> *«No debemos mostrar la vida ni como es ni como debe ser, sino sólo como la vemos en nuestros sueños».*
> —LEO TOLSTOY

Con toda honestidad, las personas pueden resistirse a adoptar un sueño grande. Aun las personas que dicen que desean un sueño, frecuentemente no lo quieren en realidad. Lo que quieren son los *resultados* del sueño. Observa todos los comerciales de las dietas y productos de dieta. Las personas ven las imágenes de antes y después y quieren el «después». En realidad no les interesa el proceso que se necesita para llegar allí. Si les interesara, habría menos gente obesa. Sin embargo, si vivimos nuestro sueño, ponemos la integridad en práctica y logramos una medida de éxito, la gente podrá ver lo que el sueño ha hecho por nosotros, y eso hará que lo deseen también. Si haces todo lo que está a tu alcance para vivir tu sueño, te conviertes en un anuncio viviente del mismo, y pocas cosas son más convincentes para los demás que eso.

Si logras transferir tu sueño con éxito, entonces lo sabrás. Las personas disfrutarán ser parte de tu equipo, se servirán unos a otros y a ti con gozo, añadirán valor al equipo al contribuir con su creatividad, y se harán responsables de lograr las cosas por sí solos. Si haces una labor suficientemente buena de transferir la visión, las personas eventualmente tomarán posesión del sueño. Pero no tendrás que aferrarte a él para que eso pueda suceder. Lo que realmente es poderoso es que el equipo no sólo te ayudará a convertir el sueño en realidad, sino que sus miembros le añadirán elementos para hacerlo más grande y mejor aun. Cuando eso sucede, el sueño se torna más grande que tú o que el equipo.

Recordé lo que sucede cuando un equipo adopta un sueño por medio de una cita de uno de mis héroes, John Wooden, el antiguo entrenador del equipo de baloncesto de UCLA. Dice:

Durante mis años de entrenador y desde aquella época, me he propuesto abstenerme de referirme a los Bruins de UCLA como «mi equipo», y a los individuos que lo componían como «mis jugadores». Seguí la misma política cuando fui entrenador en el Indiana State Teachers College y en South Bend Central High School.

Cuando me preguntaban: «¿Cómo hizo para ganar ese juego, entrenador?», corregía al reportero y le decía: «No gané el juego.

Los jugadores lo ganaron. Nuestro equipo anotó más que el del contrincante».

Esto podrá ser un asunto secundario, pero para mí es importante porque refleja la idea de que un equipo es «posesión» de sus miembros. Los Bruins de UCLA no eran *mi* equipo, eran *nuestro* equipo.

Yo era el entrenador principal, parte de un equipo cuyos miembros disfrutaban de poseerlo en común.[2]

El entrenador Wooden transfirió su sueño de integridad y excelencia a todos los que jugaron baloncesto para él. Lo hizo dando razones lógicas tras todo lo que tenían que hacer los jugadores, ayudando a conectarse con ello emotivamente, y mostrándoselos visualmente al vivirlo delante de ellos todos los días. Y debido a que aquellos jugadores adoptaron su visión y sus sueños, llegaron a ver cumplidos muchos de los suyos propios.

PRESENTADOR DE SUEÑOS

Por años he estudiado a grandes líderes y comunicadores para aprender cómo compartían sus sueños e invitaban a otros a adoptarlos. Nadie hizo eso mejor que Winston Churchill. Un veterano de guerra estadounidense que había participado en la invasión del Día D describió su encuentro con Churchill previo al lanzamiento de ese sangriento ataque ofensivo contra los Nazis. Dijo que fue la experiencia más atemorizante de su vida. «De hecho», dijo, «creo que algunos de nosotros no habríamos podido hacer lo que hicimos si no hubiéramos recibido una visita en particular, justo antes de que cruzáramos el Canal Inglés».

Aquel visitante fue Churchill, apenas horas antes de la partida hacia las playas de Normandía. Churchill llegó en un *jeep*, bajó del vehículo y se entremezcló con las tropas. —Nos dio apretones de manos y aun abrazó a algunos, —recuerda este veterano—. Habló de sus propias experiencias en tiempo de guerra y se identificó con nuestras emociones. Luego, se paró sobre el jeep y nos dio un discurso de cinco minutos. Todo el tiempo que habló lo hizo con lágrimas en sus ojos. ¿Y qué fue lo que dijo Churchill en esa ocasión, sabiendo que tantos jóvenes iban a la batalla y a enfrentar la muerte? Dijo:

Caballeros, sé que tienen temor. Recuerdo haber sentido temor cuando era soldado. Tuve el privilegio de defender a mi país por varios años, a través de días tenebrosos cuando no sabíamos si lograríamos la tarea que se nos había encomendado. Pero este es el momento de ustedes. Contamos con que ustedes estarán a la altura de las circunstancias y lograrán todo lo que se han propuesto lograr. El destino del mundo libre pesa sobre sus hombros. Que esta sea su hora más sublime.

—De más está decir —comentó el veterano—, que nuestro grupo de soldados asustados se convirtió en una banda de hombres listos para enfrentar a cualquiera.

Toda vez que dirigió la palabra, Churchill inspiraba a sus oyentes. Hablaba la verdad con poder dinámico, estableciendo conexiones lógicas y emotivas con la gente; con la habilidad de un lingüista experto, pintaba cuadros verbales vívidos. (Por ejemplo, él fue el creador de la frase «cortina de hierro».) Si puedes aprender de comunicadores tales como Churchill y seguir su ejemplo, los demás comprenderán tu visión y establecerán conexiones contigo. Si vives de modo coherente con lo que dices, llegarás lejos en tus esfuerzos por ganar a otros a tu causa e incluirlos en tu sueño.

SE NECESITA UN SUEÑO PARA LOGRAR UN SUEÑO

Entonces, ¿cómo respondes a la pregunta del personal? ¿Has incluido a las personas que necesitas para convertir tu sueño en realidad? No podemos lograr nuestros sueños solos, y tenemos una deuda de agradecimiento con los que escogen unírsenos para alcanzarlos; dependemos todos los unos de los otros. Como lo afirmó el músico de jazz George Adams: «Estamos compuestos por miles de otros. Todos los que nos han hecho un gesto gentil, o nos han dicho una palabra de aliento, han pasado a formar parte de nuestro carácter y de nuestros pensamientos, al igual que de nuestro éxito».

> *El tamaño de tu sueño determina el tamaño de*
> *las personas que se sentirán atraídas a él.*

No sé cuál es tu sueño. No sé qué deseas lograr ni a quiénes necesitas incluir para ver que se convierta en realidad. Tal vez sólo necesites el aliento e interés de un ser humano más para seguir adelante, o tal vez necesites un ejército entero. No importa tu situación, puedo decirte que sí necesitas a otros. Cuanto más grande sea el sueño, tanto mayor es tu necesidad. Sin embargo, estas son las buenas noticias: El tamaño de tu sueño determina el tamaño de las personas que se sentirán atraídas a él. Si tienes un sueño muy grande, tendrás un potencial aun mayor de que haya buena gente que te ayude. Lo que necesitas hacer es establecer conexión con ellos, invitarles a unirse a ti, transferirles la visión y luego dejarlos actuar.

¿PUEDES RESPONDER AFIRMATIVA-
MENTE A LA PREGUNTA DEL PERSONAL:
HE INCLUIDO A LAS PERSONAS QUE NECESITO
PARA CONVERTIR MI SUEÑO EN REALIDAD?

El proceso de reclutar a un equipo que te ayude a lograr tu sueño nunca termina. Aun los que ya han trabajado duro en ello necesitan continuar haciéndolo. ¿Por qué? Porque los sueños son blancos móviles. Las condiciones cambian constantemente, y tus metas intermedias también lo hacen. Según vas creciendo, tus necesidades personales cambiarán también, y la realidad es que la gente va y viene; la gente que empieza el viaje contigo rara vez lo termina.

Necesitas hacerte la pregunta: *¿Quiénes forman mi equipo actual?* Haz una lista e incluye a colegas, mentores, miembros de tu círculo íntimo de amistades, empleados clave, miembros de tu familia inmediata, amigos cercanos y así sucesivamente.

Después clasifica esos nombres en las tres categorías de personas que mencioné en este capítulo, junto con una cuarta categoría:

- personas que me inspiran
- personas que me dicen la verdad
- personas cuyas habilidades complementan las mías
- personas que no encajan en ninguna de las demás categorías

Ahora, evalúa sus contribuciones. ¿Qué impacto tienen sobre ti? En primer lugar, ¿es positivo o negativo? Escribe un signo positivo o negativo junto al nombre de cada persona. Luego evalúa su impacto con un valor numérico, desde -10 hasta +10.

Esto es lo que significan sus puntajes:

+6 a 10	Alguien que ayudará a lograr tu sueño; mantén a esa persona en tu equipo de ensueño
0 a +5	Alguien que probablemente no contribuirá a tu sueño
-10 a -1	Alguien que en realidad estorbará el avance hacia tu sueño; retira a esa persona de tu equipo

Cuando examines tu lista, probablemente verás que tienes muy pocas personas en la primera categoría. Eso está bien, este es el momento de cambiar eso. Empieza a reclutar personas para incorporarlas a tu equipo de ensueño.

CAPÍTULO 7

La pregunta del costo:
¿Estoy dispuesto a pagar el precio de mi sueño?

Siempre recuerda que la constancia y el esfuerzo
siempre anteceden al éxito, hasta en el diccionario.

—SARAH BAN BREATHNACH

Los sueños son personales; también lo son los sacrificios que hay que hacer para lograrlos. La mayoría de las personas no está dispuesta a hacerse la pregunta del costo: ¿Estoy dispuesto a pagar el precio de mi sueño? Evitan la pregunta, evitan el costo y, sin percatarse de ello, evitan su sueño.

No hay una sola persona en todo el mundo que haya logrado un sueño sin haber pagado un precio por ello. Algunos pagan con sus vidas o con su libertad. Otros pagan al abandonar alternativas, finanzas o relaciones personales. Tengo un amigo que aprendió a calcular el costo, quién lo iba a decir, con una motocicleta.

EL PRECIO DE UN SUEÑO

Se llama Kevin Myers, y es el pastor principal de la 12Stone Church en Lawrenceville, Georgia. Kevin se comprometió a ser ministro a una edad joven, cuando apenas contaba con dieciséis años de edad. Desde su niñez también ha sido fanático de las motocicletas. Compró la primera, una moto barata de segunda, casi al final de su adolescencia. Obtuvo otras cuando pasó los veinte años de edad, y aunque le encantaba conducirlas, nunca había tenido una del tipo que siempre había soñado: una *cruiser*.

Kevin ha dedicado su vida al ministerio, sin embargo es un individuo sumamente emprendedor. Desde su adolescencia soñó con iniciar una iglesia de cero y edificarla hasta que fuera una organización que impactara a la comunidad y sirviera a miles de personas. En 1987, cuando tenía veintiséis años de edad, partió de Michigan a Georgia para fundar la iglesia, una que existiera para beneficio de las personas que él describe como «espiritualmente indecisas». Hizo sacrificios para lograrlo: dejó atrás a amigos y familiares, dejó una buena posición en una iglesia y entró en incertidumbres financieras. Estaba dispuesto a pagar un precio por su sueño. Pero el costo resultó ser mucho mayor de lo que había anticipado.

Anticipaba tener un éxito rápido, esperando iniciar con 250 personas. Eso representaría una iglesia de buen tamaño, capaz de sostenerse a sí misma financieramente. En lugar de ello, la iglesia apenas se mantenía a flote. Se inició con menos de cien personas y permaneció de ese tamaño por seis años. No pasó mucho tiempo antes de que a la iglesia se le agotaran todos los fondos que tenía. Luego agotaron el dinero que Kevin y Marcia, su esposa, habían apartado previamente para comprarse una casa. Después acabó con su cuenta personal de ahorros. Perdieron su seguro médico e, inmediatamente después, uno de sus hijos enfermó. Las cuentas médicas se acumularon y entraron en deudas. Kevin tuvo que recurrir a hacer trabajos eventuales y trabajo de construcción para sobrevivir. Parecía que su sueño había muerto.

Resultó ser más de lo que Kevin pudo soportar así que regresó al jefe que había tenido en Michigan y le pidió retornar a su antiguo empleo. No obstante su anterior jefe le alentó a perseverar un poco más, a seguir trabajando por lograr su sueño. El proceso casi lo quebrantó.

CAMBIO DE DESTINO

Luego, en el séptimo año, las cosas empezaron a cambiar. Su pequeña iglesia finalmente empezó a crecer. Desde su nacimiento, la iglesia se había reunido en lugares alquilados. Kevin vio el modesto crecimiento como una oportunidad para que la iglesia se arriesgara; decidió comprar un terreno y edificar su primer edificio. No fue fácil, pero las personas creían en lo que estaban haciendo e hicieron sacrificios. Tan pronto como se inauguró el nuevo edificio, la iglesia creció más aun.

Alrededor de esa misma época, Kevin tuvo la oportunidad de convertir su otro sueño en realidad. Cuando su madre murió, le dejó algo de dinero, el cual utilizó para comprar su primera motocicleta de carreteras. Era algo que había deseado por veinte años, representaba la libertad. Kevin describe el andar en motocicleta como su «droga legal». Cuando las presiones del liderazgo eran excesivas, se iba a dar un paseo; también hacía viajes largos por el Blue Ridge Parkway durante los veranos. Para él era tonificante. Su motocicleta le ofrecía el beneficio adicional de recordarle a su madre cada vez que la arrancaba; un recuerdo de su vida y cómo ella le amaba.

Después de que la iglesia se hubo trasladado a su nuevo edificio, no pasó mucho tiempo antes de que se quedara sin espacio. Kevin empezó a buscar un terreno nuevo donde pudiera construir un edificio más grande. Construir el primer edificio había sido un riesgo grande, ahora enfrentaban un riesgo mayor. La siguiente fase de crecimiento requeriría cuatro millones de dólares, sabía que recaudar esa suma iba a ser una lucha. También sabía que le costaría algo a nivel personal. Kevin dice:

En momentos de reflexión honesta de líder, sabía que no lograríamos el sueño sin más sacrificios. Por tres meses luché con lo que esta temporada de mi sueño me costaría personalmente. Poseía pocos recursos materiales que contribuir a la visión, todo lo que realmente tenía era la motocicleta. Para la mayoría de las personas eso no parecería ser mucho, pero para mí tenía un significado que me llegaba hasta el alma.

La decisión fue difícil e internamente tumultuosa. Por años había pospuesto muchos de mis deseos y esperanzas por mi familia, ahora el siguiente nivel del sueño exigía más de mí. Recuerdo cuando decidí firmar el título de propiedad de la motocicleta de mis sueños en aras de un sueño mayor. Sentí una pérdida personal vívida, pero más recuerdo lo definitivo que esto fue para mi alma. Ahora me había entregado más profundamente al sueño que nunca. Esta fue una búsqueda épica de mi sueño que sólo avanzaría a costo de mis deseos personales. Fue un avance de liderazgo para mí.

Kevin no compartió con los demás la lucha interna que sintió en aquella época, pero sí dijo públicamente que donaría su motocicleta. Cuando lo hizo, los demás de repente parecieron entender que los sueños siempre cuestan algo.

En últimas, la iglesia recaudó el dinero y construyó el edificio. Luego, debido al crecimiento de la congregación, tuvieron que ampliarlo. El crecimiento continuó y pronto llegó el momento de determinar la fase siguiente del sueño, el siguiente grupo de sacrificios que se necesitaría.

SIGUE SOÑANDO, SIGUE SACRIFICANDO

En enero de 2008, la iglesia de Kevin inauguró unas nuevas instalaciones modernas de 10,200 metros cuadrados sobre un terreno de veintiocho hectáreas, con un auditorio con capacidad para 2,600 personas. En la actualidad, la asistencia los fines de semana es de casi seis mil personas, y no sólo afectan a su comunidad, sino que sirven a personas en otras partes del mundo. Kevin y los miembros de su congregación continúan pagando un precio por su sueño. Cada vez que ascienden a un nivel superior, pagan más. No obstante, la lección de la motocicleta siempre permanece con él. Kevin observa:

Aquella fue la temporada en la que descubrí la diferencia entre los sueños y los meros deseos. En mi adolescencia y a los veintitantos años, pensé que estas cosas eran lo mismo, pero cuando te sumerges más profundamente en un sueño, tienes que pagar más. Los sacrificios se hacen más duros, y te das cuenta de que abandonar algunos de tus deseos es el precio que hay que pagar por seguir tus sueños, un precio que es necesario pagar por siquiera tener la probabilidad de lograrlo.

Algunos afirman que tienen sueños y deseos, pero yo lo dudo. Todo lo que tienen son deseos que les sirven a sí mismos. Lo más probable es que si alguna vez tuvieron un sueño, lo redujeron a algo pequeño y que sirve a sus propios intereses. Creo que hay que estar dispuesto a sacrificar los deseos en aras de un sueño. Me pregunto si eso resulta cierto para todos los sueños verdaderos. Si tal es el caso, entonces soñar es una propuesta mucho más peligrosa y aventurera que lo que la mayoría se atreve a creer. ¡Pero es una magnífica caza! Una que conduce a pocos pesares.

Kevin todavía enfrenta desafíos porque todavía tiene sueños; debido a ello, aún hay precios que tendrá que pagar. Sin embargo ya ha aprendido la lección, gracias a una motocicleta que estuvo dispuesto a abandonar por lograr su sueño.

Todo viaje hacia un sueño es personal, y como resultado de ello, el precio que hay que pagar también lo es.

¿QUÉ PAGARÁS?

¿Qué hay de ti? ¿Has aprendido a sacrificar? ¿Cómo respondes a la pregunta del costo: Estoy dispuesto a pagar el precio de mi sueño? Como dije, todo viaje hacia un sueño es personal, y como resultado de ello, el precio que hay que pagar también lo es. Debido a que no me es posible sentarme contigo y preguntarte acerca de tu sueño en persona, no puedo aconsejarte en cuanto al costo de tu sueño. Pero sí puedo decirte unas cuantas cosas que son ciertas para todo aquel que busca un sueño. Estas son:

1. El sueño es gratis, pero el viaje no lo es

Recientemente mi amigo Collin Sewell y yo entablamos una conversación acerca de los sueños. Él observó que en el principio, todos los sueños están libres de obstáculos. Pensé que eso era muy interesante, ¿no te parece? Ves todas las posibilidades. Imaginas todo el potencial. Es emocionante. En esa etapa, rara vez piensas acerca del costo. Mas en cierto punto, tendrás que hacer la transición de partidario del sueño, a comprador. Ninguno se convierte en realidad sin que alguien pague por él.

> *En cierto punto, tendrás que hacer la transición*
> *de partidario del sueño a comprador. Ninguno*
> *se convierte en realidad sin que alguien pague por ello.*

Si quieres lograr un sueño, tendrás que estar dispuesto a hacer más que solo imaginar el resultado. Tendrás que estar dispuesto a pagar el precio. Los partidarios de sueños abundan; los compradores de ellos escasean.

2. El precio habrá que pagarlo antes de lo que piensas

Pienso que la mayoría de las personas se dan cuenta de que habrá algún costo por lograr su sueño. Tienen una noción vaga de que *algún día* tendrán que pagar un precio. Pero no se percatan de que habrá que pagarlo antes de lo que piensan Si ya has empezado a seguir tu sueño, sabes a lo que me refiero. Tan pronto empezaste el viaje, no dudo que el precio empezó a ser un problema. ¿Por qué?

Porque los sueños al confesarlos crean conflicto; los sueños al iniciarlos crean crisis.

> *Los partidarios de sueños abundan;*
> *los compradores de ellos escasean.*

En el momento que declaras tu sueño y tratas de avanzar hacia él, los problemas empiezan a salir a la superficie. Enfrentar esta realidad es como que le echen a uno un balde de agua fría en el rostro. Por no esperar nada así, muchos se desaniman; algunos guardan sus sueños y los aplazan, otros los abandonan por completo.

Con frecuencia he oído a personas en la mitad de su vida expresar pesar porque se retractaron de algún sueño en su juventud: una carrera no seguida, una oportunidad no aprovechada, una relación que se dejó marchitarse y morir. Décadas después, regresan al sueño y piensan más en él. Para algunos, resulta demasiado tarde. Ya *no pueden* lograr su sueño a ningún precio. Para otros, el sueño es posible, aunque el precio es mucho mayor.

Los sueños son como el dinero. Si la compra y la inversión se hacen antes, más se acumulan las recompensas con el paso del tiempo. Por ejemplo, en el ámbito financiero, digamos que inviertes $1,000 cada año por diez años, empezando a los veinticinco años de edad (inversión total de $10,000); para los sesenta y cinco años de edad tendrás $112,537. Sin embargo, si inviertes $1,000 empezando a los treinta y cinco años de edad, y continúas invirtiendo *cada año por treinta años* (inversión total de $30,000), entonces a los sesenta y cinco años de edad sólo tendrías $101,073.[1] De modo similar, si empiezas a pagar por tu sueño temprano en tu vida, aumentas las probabilidades de obtener un buen «rendimiento» sobre tu inversión. Y podrías evitar el problema señalado por el comediante y comentarista político Al Franken, quien luego de citar la antigua máxima «Nadie en su lecho de muerte dice: Desearía haber pasado más tiempo en la oficina», comentó: «¿Cómo se sabe eso? Apuesto a que alguno en su lecho de muerte dijo: Quisiera haber pasado más tiempo en la oficina cuando tenía veintitantos y treinta y tantos años, pues ahora tendría una mejor vida. Y luego gorgotea y estira la pata».

Si no empezaste a pagar el precio de tu sueño en el pasado, ya no puedes cambiar eso. ¡Pero sí tienes el control sobre si empiezas a pagar hoy! Si realmente quieres alcanzarlo y no tan sólo imaginarlo, empieza a invertir ahora. ¿Te sientes desanimado porque el rendimiento no será igual de grande porque empezaste tarde? Espero que no. Sólo piensa: ¿cuál será el rendimiento si *nunca* inviertes? Es mejor vivir tu sueño en parte que perderte la oportunidad por completo y luego arrepentirte de ello.

3. El precio será más alto de lo que esperas

Todos los sueños traen su precio, y el costo casi siempre es más alto que lo que la persona anticipa pagar. Nunca en mis conversaciones con personas de éxito he escuchado decir: «Llegar a la cima fue mucho más fácil de lo que anticipaba». Todos los que conozco y que han logrado un sueño tienen historias de guerra que contar.

> *Nunca en mis conversaciones con personas de éxito*
> *he escuchado decir: «Llegar a la cima fue*
> *mucho más fácil de lo que anticipaba».*

Hace años en uno de mis viajes aprendí el principio del taxi: averigua el costo antes de meterte. Aunque eso puede ser posible cuando se llama un taxi, es imposible cuando se trata de lograr tus sueños. Nunca se sabe el costo completo por anticipado, se averigua únicamente después de emprender el viaje. Así sucedió con Kevin Myers. Él sabía que tendría que pagar, sin embargo el costo resultó ser mucho mayor de lo que anticipaba. Él aun cree que valió la pena pagarlo, pero definitivamente fue mayor de lo que anticipaba.

Al actor Paul Hogan, quien representó al personaje Cocodrilo Dundee, una vez le preguntaron cómo logró el éxito. Me encanta su respuesta: «El secreto de mi éxito es que mordí más de lo que podía masticar, y luego mastiqué lo más rápido que pude». Los sueños no salen baratos, ni llegan fácilmente. Cuanto mayor sea el sueño, tanto mayor el precio. El secreto para pagar por tu sueño es seguir masticando.

4. El precio habrá que pagarlo más de una vez

Esta verdad podría tomarte por sorpresa, pero uno no logra pagar una sola vez y luego logra su sueño. Hay que pagar una y otra vez. Sé que a mí me sorprendió descubrir esa realidad. Cuando era joven, imaginaba que era como pagar la entrada a un parque de diversiones: pagas el precio una vez y luego te diviertes. Desgraciadamente, no funciona así con los sueños.

La afirmación que utilizo para describir este proceso es esta: «Para subir, tienes que renunciar». Cada vez que enfrento otro sacrificio, cada vez que reconozco que queda aun otro precio por pagar, recuerdo que para subir hay que renunciar.

Seguir un sueño es como ascender por una montaña. Nunca llegaremos a la cumbre si llevamos un exceso de peso. Al entrar en cada fase nueva del ascenso, enfrentamos una decisión. ¿Llevamos más cosas, dejamos las cosas que no nos ayudarán a subir, intercambiamos lo que tenemos por alguna otra cosa, o dejamos de subir? La mayoría trata de llevar demasiadas cosas en el viaje tras su sueño. Sin embargo, cuando las personas de éxito ascienden, abandonan cosas o empiezan a intercambiarlas por otras para alcanzar un nivel más alto.

Después de haberme embarcado en el viaje de mis sueños por más de cuarenta años, he llegado a la conclusión de que los pagos que se requieren para alcanzar un sueño nunca cesan. El viaje de tu sueño continúa solamente si sigues pagando el precio. Cuanto más alto quieras ir, más tendrás que dejar, y cuanto mayor sea el precio que pagues, tanto mayor será el gozo que sentirás cuando finalmente alcances tu sueño. A mayor inversión, mayor ganancia emocional.

5. Es posible pagar demasiado por tu sueño

Aunque reconozco que todos los sueños tienen su precio, no creo que uno debiera estar dispuesto a pagar *cualquier* precio para alcanzar el suyo. Algunos costos sencillamente son demasiado altos. Por ejemplo, he visto a individuos transigir en sus valores, sacrificar sus familias y arruinar su salud buscando un sueño. Esos son precios que yo no estaría dispuesto a pagar.

Si arruinas tu salud o sacrificas a tu familia, aunque logres tu sueño, no podrás disfrutar de él; y si comprometes tus valores, haces daño a tu alma. No puedes permitir que tu sueño gobierne tus valores. En lugar de ello, tus valores debieran gobernar tus sueños.

Cada vez que estas dos cosas se salen de su debido orden y el sueño empieza a controlar tus valores, el costo llega a ser excesivo.

¿Qué precio es demasiado alto para *tu* sueño? Te animo a que escribas una lista de las cosas que protegerías a todo costo. Te recomiendo que sea una lista breve ya que una larga probablemente imposibilitará el logro de tu sueño. Enfócate únicamente en lo esencial, y luego prepárate y disponte a prescindir de todo lo demás.

PRECIOS QUE TENDRÁS QUE PAGAR

Mencioné que cada sueño es personal y, como resultado, sus costos también lo son. Si bien eso es cierto, también he encontrado que algunos costos son comunes para todos los que buscan sus sueños. Creo que cada uno debe pagar por lo menos estos tres para alcanzar el éxito.

1. PAGA EL PRECIO DE ENFRENTAR LAS CRÍTICAS DE PERSONAS IMPORTANTES PARA TI

El filósofo y poeta Ralph Waldo Emerson habló de lo que se necesita para mantener el rumbo: «No importa el rumbo que decidas seguir, siempre habrá quien te diga que estás equivocado. Siempre surgirán dificultades que te tentarán a creer que los que te critican están en lo cierto. Trazar un rumbo de acción y seguirlo hasta el fin requiere de valor».

> *«No importa el rumbo que decidas seguir, siempre habrá quien te diga que estás equivocado. Siempre surgirán dificultades que te tentarán a creer que los que te critican están en lo cierto. Trazar un rumbo de acción y seguirlo hasta el fin requiere de valor».*
> —RALPH WALDO EMERSON

Todo el que sigue un sueño recibe críticas. Si tienes la piel gruesa, la mayor parte de ellas no te molestarán. Tendrás que aprender a ignorarlas, tal como lo hacen los atletas profesionales, quienes las enfrentan todo el tiempo. Por ejemplo, se ha dicho que todo equipo de béisbol podría usar a un individuo que sepa jugar todas las posiciones, que nunca sea ponchado al bate y nunca cometa un error. ¡El único problema es que resulta muy difícil lograr convencerle de dejar a un lado su perro caliente y bajar de las tribunas!

Pienso que es parte de la naturaleza humana criticar a los demás. Jonas Salk, quien desarrolló la vacuna contra la polio, dijo: «Primero, la gente te dice que estás equivocado. Luego te dicen que estás en lo cierto, pero que lo que haces realmente no importa. Finalmente, admiten que estabas en lo cierto y que lo que haces es sumamente importante, pero que, después de todo, ellos siempre lo supieron».

Lo que realmente duele son las críticas de las personas que son importantes para ti. Es difícil que tu sueño sea criticado por personas a quienes admiras, amas y respetas. Sin embargo, si lo quieres lograr, tendrás que aprender a pagar ese precio también. Stacy Allison, la primera mujer estadounidense en alcanzar la cumbre del Monte Everest, observó: «Tienes que decidir que hay veces en la vida en las que está bien no escuchar lo que dicen los demás. Si hubiera escuchado a los demás, nunca habría escalado el Monte Everest».

Entonces, ¿cuándo debes escuchar y cuándo debes ignorar lo que dicen los demás? ¿Cuáles críticos importan y cuáles no? Este es mi consejo. Escucha al crítico cuando:

- La persona que te critica te ama incondicionalmente.
- La crítica no viene empañada por su propia agenda personal.
- La persona no es de las que todo lo critica por naturaleza.
- La persona continuará brindándote su apoyo después de haberte dado su consejo.
- Él o ella tienen conocimientos o éxito en el área que está criticando.

Enfrentar las críticas con sencillez es uno de los precios que tendrás que pagar para alcanzar tu sueño. Simplemente no puedes permitir que te molesten. El autor Max Lucado escribe acerca de este tema en su libro *Todavía remueve piedras*. En él cita Marcos 5.36 («No temas, cree solamente»), y entonces Lucado continúa diciendo:

¡Me agrada esa frase! Describe el principio crítico necesario para poder ver lo invisible: No haga caso a lo que diga la gente. Ignórelos. Apáguelos. Cierre sus oídos. Y, de ser necesario, aléjese.

Ignore a los que le digan que es demasiado tarde para volver a empezar.

No le conceda importancia a los que digan que usted nunca llegará a nada.

Haga oídos sordos a los que digan que le falta inteligencia, velocidad, altura o tamaño… Simplemente, ignórelos.

La fe en ocasiones comienza cuando nos metemos algodón en los oídos.

Jesús mira inmediatamente a Jairo y le ruega: «No temas, cree solamente» (v. 36).

Jesús insta a Jairo para que vea lo invisible. Cuando Jesús dice: «Cree solamente…», está implorando: «No limite sus posibilidades a lo visible. No trate de escuchar sólo lo audible. No sea controlado por lo lógico. ¡Crea que en la vida hay más que lo que se ve!»[2]

Las personas que continúan buscando sus sueños, a pesar de que los demás expresen sus dudas y críticas, siempre creen que hay más que lo que el ojo puede ver. Es una de las cosas que los mantiene en marcha.

2. Paga el precio de vencer tus temores

¿Alguna vez te has preguntado cómo es que un entrenador puede controlar a un elefante de cinco toneladas y evitar que salga huyendo? Lo hacen por medio de controlar lo que el elefante piensa. Cuando un cachorro de elefante está siendo entrenado, se le amarra una cuerda a una pata y el otro extremo se ata a un poste de madera bien hincado en el suelo. El elefante, que todavía no es muy fuerte, tira de la cuerda pero no es capaz de romperla ni de sacar el poste. Eventualmente se da por vencido. Desde ese punto en adelante, cuando la pata del elefante está atada, el animal *cree* que no puede escapar, aunque es perfectamente capaz de escapar y lo ha sido por mucho tiempo. Él recuerda la lucha. Esa es una de las razones por las cuales se dice que «los elefantes nunca olvidan».

Las personas son así también; su forma de pensar les limita, tal como ocurre con el elefante. Usualmente se debe al temor. Lo cierto es que este puede robarte los sueños. Puedes temer el fracaso, puedes temer el rechazo o tal vez no quieras parecer un tonto. Podrías temer intentarlo porque crees que no puedes lograr el éxito. Si cedes a estos pensamientos y crees que no puedes alcanzar tu sueño, entonces estarás en lo cierto, y por lo tanto serás incapaz de conseguirlo. No obstante estas son las buenas noticias: el temor es algo común para todos nosotros, es posible vencerlo.

Por supuesto que no todos los temores son algo malo. En ocasiones pueden advertirnos de un peligro y los que están conectados con la realidad pueden ayudarnos. Pero cuando es irracional o desproporcionado con respecto a la amenaza, nos hace daño. Nos impide hacer lo que podemos y convertirnos en lo que necesitamos ser para lograr nuestros sueños.

C. Everett Koop, quien fuera Director General de Salud Pública de Estados Unidos, afirmó: «Las personas tienen un sentido poco apropiado de lo que es peligroso». Lo que temen frecuentemente carece de conexión alguna con la realidad. Por ejemplo, las personas temen volar, pero es mucho más probable atorarse con algún alimento que morir en un avión comercial. Temen ser apuñalados por un desconocido, pero es dos veces más probable morir jugando un deporte. Temen que los mate un tiburón, pero los cerdos de granja matan más gente que los tiburones. Las personas temen morir durante una intervención quirúrgica, pero es dieciséis veces más probable morir en un accidente automovilístico que por una complicación médica.[3]

Todos los sueños se encuentran fuera de nuestra zona de comodidad. Salir de esa zona es un precio que necesariamente hay que pagar para lograrlos. En su libro, *Los principios del éxito: Cómo llegar de donde está a donde quiere ir,* Jack Canfield escribe: «Imagina que tu zona de comodidad es una prisión en la que vives; una prisión mayormente creada por ti mismo. Se compone de una colección de no puedo, debo y no debo y otras creencias sin fundamento formadas por los pensamientos negativos y decisiones que has acumulado y reforzado durante tu vida». Cada uno de tus temores es como un barrote de esa prisión. Las buenas noticias son que debido a que los temores son sentimientos, los que son dañinos pueden quitarse y uno puede quedar libre de ellos. Pero quitarlos tiene su costo.[4]

> *«Imagina que tu zona de comodidad es una prisión en la que vives; una prisión mayormente creada por ti mismo. Se compone de una colección de no puedo, debo y no debo y otras creencias sin fundamento formadas por los pensamientos negativos y decisiones que has acumulado y reforzado durante tu vida».*
>
> —JACK CANFIELD

Por supuesto, algunos temores están basados en la realidad; esos tenemos que enfrentarlos. El dramaturgo David Mamet escribió:

El 5 de junio de 1944, miles de paracaidistas norteamericanos saltaron sobre Normandía. Cuatro hombres se negaron a saltar. ¿Puedes imaginarte, puede alguien imaginarse el resto de las vidas de estos hombres? ¿Cuáles prodigios de excusas, justificación o represión pudieron haber utilizado? Sus vidas, en efecto, terminaron en el momento en que se negaron a saltar del avión. Igual hubiera sucedido con los judíos, si se hubieran negado a cruzar el mar. Igual terminarían tu vida y la mía, como lo hacen en parte, si rechazamos las oportunidades de cambiar. Nos estancamos y echamos mano de prodigios aun mayores de represión e hipocresía para explicarnos a nosotros mismos por qué no nos sumergimos en los misterios de la vida. Todos morimos al final, pero no hay razón por la cual debiéramos morir en medio de la vida.[5]

¿Quién quiere morir a la mitad de la vida? ¡Nadie! La verdad es que todos tenemos que pagar en uno u otro modo. Puedes escuchar a tus temores y pagar con tu vida, o puedes pagar el precio de vencerlos y vivir. La decisión es tuya.

Mi deseo es que experimentes la dulzura de tus sueños, conocer lo que quería decir Kevin Myers cuando dijo: «Es mucho más peligroso y audaz soñar que lo que la mayoría de la gente cree, ¡pero eso es una gran carrera!» Para poder hacerlo, tienes que desarrollar valor suficiente para enfrentar el peligro. Tienes que aprender a vivir temerariamente en aras de tu sueño. Eso no es tarea fácil. El escritor e historiador Michael Ignatieff comenta:

Vivir temerariamente no es lo mismo que nunca tener temor, es bueno tener temor ocasionalmente. El temor es un gran maestro. Lo que no es bueno es vivir en temor, permitiendo que dictamine tus decisiones, permitiendo que defina quién eres. Vivir temerariamente significa enfrentar el temor, medir su altura y negarte a permitir que forme y defina tu vida. Vivir temerariamente significa correr riesgos, no jugar a lo seguro. Significa negarte a aceptar un «no» como respuesta cuando estás seguro de que debía haber sido «sí». Significa negarte a conformarte con menos de lo que te toca, lo que es tuyo por derecho, lo que es tuyo por el sudor de tu trabajo y tus esfuerzos.

Vivir temerariamente es cuestión de decisión. Es la decisión que frecuentemente separa a los que pagan el precio por su sueño y lo logran de los que se niegan a pagarlo y fracasan. ¿Por qué? Porque se necesita valor para responder a la pregunta del costo. Tienes que ser temerario para pagar el precio de tu sueño.

3. PAGA EL PRECIO DEL TRABAJO DURO

Recientemente, después de haber dictado una charla a los empleados de una empresa en Denver, uno de los asistentes llamado Rich Melman se me acercó y me entregó la siguiente cita: «Es difícil ser cien por ciento mejor que la competencia, pero puedes ser uno por ciento mejor en cien maneras diferentes». Ese es el tipo de actitud tenaz que se necesita para lograr tu sueño.

> *«Es difícil ser cien por ciento mejor que la competencia, pero puedes ser uno por ciento mejor en cien maneras diferentes».*
> —RICH MELMAN

Reconozcámoslo: Los sueños no funcionan a menos que trabajes en ellos. Cuando del éxito se trata, no hay escaleras eléctricas que te lleven a la cima. Tienes que ascender tú mismo, y eso significa trabajo duro. El autor y columnista afiliado Dale Dauten ofrece este consejo franco: «Si quieres ser creativo en tu empresa, tu carrera y tu vida, sólo se necesita dar un paso... el que va más allá. Cuando encuentres un plan familiar, hazte una sola pregunta: ¿Qué otra cosa podríamos hacer?»

> *«Si quieres ser creativo en tu empresa, tu carrera y tu vida, sólo se necesita dar un paso... el que va más allá. Cuando encuentres un plan familiar, hazte una sola pregunta: ¿Qué otra cosa podríamos hacer?»*
> —DALE DAUTEN

Para lograr un sueño, se requiere trabajo duro. Para lograr el éxito, tendrás que hacer más, más de lo que querrías hacer, más que tus competidores, más de lo que te crees capaz de hacer. Deberás vivir según estas palabras de William Arthur Ward:

Haré más que pertenecer: Participaré.
Haré más que preocuparme: Ayudaré.
Haré más que creer: Pondré en práctica.
Haré más que ser justo: Seré gentil.
Haré más que perdonar: Olvidaré.
Haré más que soñar: Me esforzaré.
Haré más que enseñar: Inspiraré.
Haré más que ganarme lo mío: Enriqueceré.
Haré más que dar: Serviré.
Haré más que vivir: Creceré.
Haré más que sufrir: Triunfaré.

No puedes tomar la ruta del menor esfuerzo y lograr tu sueño. Tienes que hacer más. Tienes que hacer lo que sea necesario.

Aunque te costará mucho convertir tu sueño en realidad, las recompensas valen la pena el esfuerzo. Thomas Paine, uno de los fundadores de Estados Unidos, escribió en *The American Crisis* [La crisis norteamericana]: «Cuánto más difícil el conflicto, más glorioso el triunfo. Lo que obtenemos a un costo muy bajo, lo estimamos ligeramente; el cariño que sentimos por algo es lo que le confiere su valor».

Responder a la pregunta del costo separa a los que están comprometidos de los que no. Se necesita de mucho valor para dejar algo que uno estima. Se necesita de mucho compromiso y trabajo para pagar el precio de un sueño, y aun cuando llegues a pagarlo, no hay garantías de que lo alcanzarás. Sin embargo, te garantizo que si *no* pagas el precio, *no* lo lograrás. Para conseguir el éxito, es necesario tomar ese riesgo. Debes desafiar el estado actual de las cosas y salir de tu zona de comodidad. Debes dar todo lo que tienes, y aun más.

DISPUESTO A PAGAR

Terry Fox lo estuvo. En 1977 cuando apenas contaba con dieciocho años de edad le diagnosticaron un cáncer óseo. Como resultado de ello, le amputaron su pierna derecha. Durante su recuperación, mientras estaba en quimioterapia, se percató cuánta gente sufría de cáncer, en particular los niños. Inspirado por la historia de otro superviviente de cáncer que corrió en el Maratón de la Ciudad de Nueva York, Fox empezó a correr con la ayuda de una pierna ortopédica. Pronto empezó a soñar con algo que parecía imposible: atravesar la nación de Canadá corriendo para recaudar fondos para la investigación del cáncer.

Empezó a prepararse. Corrió más de cinco mil kilómetros en un período de dieciocho meses para entrenarse.[6] Debido a que las prótesis no eran muy sofisticadas en aquellos días, eso siempre le costó. Después de cada carrera de entrenamiento, el muñón de su pierna estaría cubierto de ampollas y heridas sangrantes.[7] Pero nada podía detenerle.

El 12 de abril de 1980, Fox empezó lo que luego llegaría a ser llamado el Maratón de la Esperanza en la costa atlántica, cerca de St. John's, en Terranova. Cada día corría de treinta y ocho a cuarenta y ocho kilómetros. En el principio, sus esfuerzos recibieron poca atención. A principios de mayo, cuando entró en Nueva Escocia, pocas personas le recibieron. A principios de junio, más o menos lo mismo. Aun así, continuó corriendo. Cuando alguien le preguntó cómo hacía para seguir adelante, siendo que tenía miles de kilómetros por recorrer, respondió: «Sigo corriendo hasta el próximo poste telefónico».

Para finales de junio, se corrió la voz de sus esfuerzos. Los donativos empezaron a llegar. Tuvo un encuentro con el Primer Ministro Pierre Trudeau. Se compuso una canción en honor a Fox. Las organizaciones noticiosas empezaron a cubrir su progreso.

Fox corrió por 143 días y recorrió más de 5300 kilómetros. Estuvo dispuesto a pagar el precio. Entonces, el 1 de septiembre de 1980, se vio obligado a detenerse en Thundey Bay, Ontario, porque lo que él creía que era un resfriado resultó ser más cáncer, esta vez en sus pulmones.

—La gente creía que yo estaba pasando por un infierno —dijo Fox—. Y tal vez en parte era cierto, pero estaba haciendo lo que quería hacer y un sueño se estaba convirtiendo en realidad.[8]

Terry venció al cáncer la primera vez, cuando atacó su pierna, y esperaba vencerlo nuevamente. En una conferencia de prensa poco después de haber interrumpido su larga carrera, Terry dijo: «¿Cuánta gente hace algo en lo que realmente cree? Quisiera que se dieran cuenta de que todo es posible si lo intentas. Los sueños se cumplen si la gente intenta cumplirlos».[9] Él deseaba lograr su sueño de terminar el Maratón de la Esperanza. De hecho, cuando los miembros del equipo de hockey Maple Leafs de Toronto ofrecieron concluir la carrera en su lugar, él declinó su propuesta. Sin embargo nunca logró recuperarse del cáncer, menos de un año después, falleció.

El espíritu indomable de Terry Fox sobrevive. Aunque no pudo terminar su carrera, su sueño se convirtió en realidad sin él. Aun antes de que Terry falleciera, se empezó a planear la carrera anual de Terry Fox para conmemorar su Maratón de la Esperanza y recaudar fondos para investigaciones del cáncer. La primera, que se celebró en 1981, atrajo a trescientos mil participantes en Canadá y recaudó $3.5 millones de dólares. En la actualidad se celebra una carrera anual en varios países del mundo, y a la fecha, se han recaudado más de $400 millones de dólares en todo el mundo para investigaciones sobre el cáncer a través de la Carrera de Terry Fox anual.[10]

¿Qué estás dispuesto a pagar por tu sueño? ¿Tienes valor suficiente para responder a la pregunta del costo? ¿Estás dispuesto a vivir temerariamente, como lo hizo Terry Fox? ¿Estás dispuesto a pagar el precio, aunque tengas dudas de si será suficiente para comprar tu sueño? Espero que tu respuesta sea que sí.

¿PUEDES RESPONDER AFIRMATIVA-
MENTE A LA PREGUNTA DEL COSTO:
ESTOY DISPUESTO A PAGAR EL PRECIO
DE MI SUEÑO?

¿Cuánto vale tu sueño? Eso es lo que necesitas determinar si no estás seguro de tu respuesta a la pregunta del costo. Necesitas calcular el costo.

Primero, busca a alguien con experiencia en tu área de interés. Pídele información y consejos acerca de lo que se necesita para lograr éxito en ese campo.

Luego, dedica tiempo a pensar en las preguntas siguientes, y escribe tus respuestas:

> ¿Cuánto estoy dispuesto a pagar por mi sueño?
> ¿Qué tan pronto estoy dispuesto a pagarlo?
> ¿Con qué frecuencia estoy dispuesto a pagarlo?
> ¿Cómo enfrentaré las críticas que recibiré?
> ¿Cómo venceré mis temores?
> ¿Qué tan duro estoy dispuesto a trabajar?
> ¿Qué es lo que *no* estoy dispuesto a pagar? (Recuerda, algunos precios son excesivamente altos.)

No olvides que cuanto mayor sea tu sueño, tanto mayor será el costo. Si no estás dispuesto a pagar lo que probablemente te costará, entonces tendrás que cambiar tu sueño, o lo que estás dispuesto a pagar.

CAPÍTULO 8

La pregunta de la tenacidad:
¿Me estoy acercando a mi sueño?

La mera posesión de una visión no es lo mismo que vivirla,
ni tampoco podemos alentar con ella a los demás si nosotros
mismos no la comprendemos y seguimos sus verdades...
Ser bendecido con una visión no basta... ¡Hay que vivirla!

—HIGH EAGLE

H. Jackson Brown, autor de *El librito de instrucciones para la vida*, dice que la perseverancia tiene dos reglas: «Regla N° 1: Da un paso más. Regla N° 2: Cuando no puedas dar un paso más, vuelve a la Regla N° 1». Eso es lo que se necesita para lograr un sueño: la voluntad de dar un paso más, aun cuando estás convencido de que no puedes darlo. Las personas que viven su sueño se niegan a darse por vencidas, sabiendo que si siguen esforzándose, avanzando lo poco que puedan cada día, aumentan las probabilidades de que suceda algo a su favor. Responden sí a la pregunta de la tenacidad, la cual dice: ¿Me estoy acercando a mi sueño?

> *«Regla N° 1: Da un paso más.*
> *Regla N° 2: Cuando no puedas dar un paso*
> *más, vuelve a la Regla N° 1».*
>
> —H. Jackson Brown

UN CUADRO DE LA TENACIDAD

Estudia las vidas de los líderes y emprendedores y verás que todos comparten la característica de la tenacidad. A pesar de circunstancias negativas, obstáculos e injusticias, perseveran. Se acercan a sus sueños día a día.

Recientemente me enteré de la historia de Elizabeth Keckly, un ejemplo de tenacidad. Nació como esclava en 1818 en Virginia y pronto experimentó una vida de dificultades y abuso. Se le encargó el cuidado de un bebé cuando apenas contaba con cuatro años de edad y a los cinco años la azotaron por haber tumbado la cuna del bebé. Se le separó de su padre, sufrió abuso sexual y sus amos le dijeron en repetidas ocasiones que ella nunca «valdría nada». Desde temprana edad, conoció con dolor la situación de los que vivían en esclavitud. En su autobiografía escribió:

Cuando tenía como siete años presencié por primera vez la venta de un ser humano... El amo había comprado sus cerdos para el invierno, y no tenía dinero suficiente para pagarlos. Para evitar el bochorno le fue necesario vender uno de sus esclavos. El Pequeño Joe, el hijo del cocinero, fue escogido como la víctima. Ordenaron a su madre vestirle con sus mejores ropas y enviarlo a la casa. Llegó con un semblante resplandeciente, lo pusieron sobre la balanza y fue vendido, tal como los cerdos, a tanto por libra. Nunca dijeron a su madre de la transacción, mas sus sospechas se despertaron. Cuando su hijo partió hacia Petersburgo en la carreta, la verdad empezó a esclarecerse en su mente y ella rogó tristemente que su hijo no le fuera quitado, pero su amo la acalló diciéndole que el niño sencillamente iba al pueblo con la carreta y que regresaría por la mañana. La mañana llegó, pero el Pequeño Joe no fue devuelto a su madre. Mañana tras mañana pasó, y su madre fue a la tumba sin nunca más volver a verlo. Un día fue azotada por dolerse de su hijo perdido. Al Coronel Burwell [su amo] nunca le gustaba ver a uno de sus esclavos con un semblante triste.[1]

Keckly tuvo una vida difícil, la cual describe como haber asistido a «la escuela dura». Dio a luz a un hijo después de haber sido violada por un hombre blanco. A menudo se le exigía que hiciera la labor correspondiente a tres personas, pero también era sumamente tenaz y aprovechó sus oportunidades al máximo. Aprendió a leer y escribir. Desarrolló una habilidad como costurera, luego de haber aprendido de su madre a los seis años de edad, y desarrolló la inclinación por los negocios, la cual utilizó en última instancia para cambiar su vida.

SUEÑOS DE LIBERTAD

Keckly se crió en una zona rural. Sin embargo, cuando la familia que ella servía se trasladó al pueblo de Petersburgo, Virginia, sucedió algo importante. Keckly, que tenía veintitantos años de edad, vio el potencial de tornarse en empresaria. Aproximadamente la mitad de la población de Petersburgo era de raza negra, y más o menos la tercera parte de esos individuos eran libres.[2] Mientras viajaba por la ciudad, descubrió que muchas de las personas negras libres eran mujeres solteras que tenían propiedades y manejaban un negocio propio. Keckly vio posibilidades para sí misma porque para ese entonces se había desarrollado como modista de alta costura.

Un sueño empezó a sembrarse en ella. Siendo una eterna pragmatista, hasta ese entonces siempre había logrado aprovechar lo mejor posible su vida como esclava, vencer el abuso, trabajar duro y vivir con integridad. Ahora, por primera vez, consideraba la posibilidad de algún día obtener su libertad y trabajar para sí misma. La profesora de Harvard, Jennifer Fleischner, observa: «En aquellas mujeres negras, trabajadoras y de clase media, Lizzy pudo ver posibilidades más allá de la esclavitud para alguien como ella. Con un nuevo sabor de autonomía en la boca, pues nunca había tenido tanta libertad de movimiento ni de pensamiento como aquí en Petersburgo, empezó a querer más».[3]

Otro traslado, esta vez a San Luis, Missouri, cuando tenía veintinueve años de edad, hizo que el sueño que albergaba Keckly en su interior se hiciera más fuerte. La familia a la cual servía estaba experimentando épocas difíciles, así que ella empezó a confeccionar vestidos no sólo para las mujeres de aquella familia, sino también para otras damas prominentes de la sociedad del pueblo, para ganar dinero.

—Con mi aguja —recuerda Keckly—, mantuve pan en las bocas de diecisiete personas por dos años y cinco meses—.[4] Cada vez más, la independencia, tanto legal como económica, cursaba por su mente.

Cuando abordó el tema de comprar su libertad con su amo, él se negó a discutirlo y le ordenó que nunca más tocara el tema. Pero para entonces el sueño era demasiado importante, y ella no se daría por vencida. Ese mismo espíritu tenaz que la había ayudado a sobrevivir las penalidades se enfocó en su deseo de comprar la libertad para ella y para su hijo. —Eso no me haría desistir —observó Keckly—, porque la esperanza señalaba hacia una vida futura más libre y más brillante—.[5] Una vez que tocó el tema, su amo le ofreció una moneda de plata y le dijo que tomara el ferry y cruzara el río a Illinois, un estado libre. Ella se negó.

—Según las leyes del país soy su esclava; usted es mi amo —le dijo—, y solamente buscaré la libertad por los medios que las leyes de mi país permiten.[6]

Finalmente, cuando la situación financiera de la familia se tornó desesperante, el amo fijó un precio: $1,200. Era un monto enorme, probablemente hoy equivaldría a $25,000. Sin embargo eso no detuvo a Keckly. Sin importar el monto que hubiera fijado su amo, ella habría hallado una forma de pagarlo. Para una persona con su tenacidad, ningún precio sería demasiado alto para lograr su sueño.

Inicialmente planeó viajar a Nueva York para pedirle a una organización de caridad que le prestara el dinero. Pero para su sorpresa, las mujeres a las cuales les había confeccionado ropa vinieron en su auxilio, cada una de ellas aportando lo que podía.

El 13 de noviembre de 1855, Elizabeth Keckly compró la libertad para su hijo y para ella. En su autobiografía escribió:

Recaudé los mil doscientos dólares y al final mi hijo y yo éramos libres. ¡Libres, libres! ¡Qué glorioso sonido tiene esa palabra! ¡Libre! La amarga lucha del corazón había terminado. ¡Libre! El alma podía subir al cielo y a Dios sin cadenas que estorbaran su vuelo ni que la detuvieran. ¡Libre! La tierra se veía más brillante y aun las mismas estrellas parecían cantar de gozo. ¡Sí, libre! Libre según las leyes del hombre y según la sonrisa de Dios; ¡y Dios bendiga a los que me ayudaron a serlo![7]

Aunque el dinero le había sido dado como obsequio, Keckly lo aceptó únicamente como préstamo. Trabajó diligentemente por cinco años en San Luis y pagó hasta el último centavo.

UNA CARRERA MÁS ALLÁ DE LA ESCLAVITUD

La libertad apenas era la mitad del sueño de Keckly, la otra mitad era llegar a ser una mujer de negocios de éxito. Para lograrlo, se trasladó primero a Baltimore y luego a Washington, D.C., donde empezó a trabajar como modista. Debido a su habilidad excepcional en la costura, su capacidad de entablar relaciones laborales y las magníficas recomendaciones que recibió de sus clientes en San Luis, pronto logró obtener todo el trabajo que era capaz de atender. ¡Estaba alcanzando el triunfo! Rápidamente se ganó el respeto de sus clientes y de los comerciantes locales, y obtuvo mucho éxito. Entonces un sueño aun más sublime se formó con claridad en su mente.

—Desde que llegué a Washington —explica Keckly—, tuve un gran deseo de trabajar para las damas de la Casa Blanca, y para lograr esta meta estaba preparada para hacer casi cualquier sacrificio que fuera coherente con mi integridad—.[8] No había persona más visible en Estados Unidos a quién confeccionarle sus vestidos. Ella continuó trabajando, aprovechando hasta lo sumo las referencias pasadas de boca en boca. En menos de un año logró su meta. Keckly se convirtió en la modista exclusiva, consultora de modas y algunas veces ayudante de cámara de Mary Todd Lincoln, empezando un día después de la inauguración de Abraham Lincoln. Ella también se convirtió en la amiga más íntima y confidente de la Sra. Lincoln. Keckly consoló a Lincoln cuando falleció su hijo Willie; y luego del asesinato del presidente, cuando le preguntaron: —Sra. Lincoln, ¿hay alguna otra persona que desee que le acompañe en esta aflicción tan terrible? —la primera dama respondió—: Sí, manda a buscar a Elizabeth Keckly—.[9] La Sra. Lincoln recibió mucho consuelo de ella. Años después de la muerte del presidente, frecuentemente describió a Keckly como su mejor amiga.[10]

El negocio de Keckly floreció en Washington. En una época llegó a estar tan ocupada que abrió un segundo taller. En años posteriores, se le conoció como maestra de costura. Logró todo lo que había soñado, y mucho más de lo que los demás estimaron que era capaz. Se deleitó mucho en el hecho de que en los años que siguieron a la Guerra Civil, ella había vivido mejor y estaba en mejor posición financiera que los hijos de sus antiguos amos.[11] Si alguien le hubiera hecho la pregunta del costo —¿Estoy dispuesto a pagar el precio de mi sueño?— indudablemente que hubiera respondido con un sí rotundo.

¿TE FORTALECE O TE DEBILITA TU SUEÑO?

¿Qué de ti? ¿Cómo respondes a la pregunta de la tenacidad? ¿Te estás acercando a tu sueño? ¿Estás dando pasos al frente? ¿Tienes tenacidad suficiente para perseverar? O, cuando las cosas se pongan difíciles, cosa que ciertamente sucederá, ¿será más probable que te des por vencido? Ralph Waldo Emerson observó: «La gran mayoría de los hombres son manojos de inicios». ¿Eres apenas uno que empieza, o eres también uno que termina, como lo fue Keckly? Cuando se desvanece el entusiasmo por una idea nueva, cuando se enfría la pasión, cuando las probabilidades en tu contra aumentan y los resultados disminuyen, cuando parece que el éxito es imposible, ¿mantendrás tu ahínco y seguirás adelante? ¿Eres tenaz? Ese es el distintivo de los que realmente logran su sueño.

> *«La gran mayoría de los hombres*
> *son manojos de inicios».*
> —RALPH WALDO EMERSON

Calvin Coolidge, trigésimo presidente de Estados Unidos, afirmó: «Sólo la persistencia y la determinación son omnipotentes. El lema "sigue adelante" ha resuelto y siempre resolverá los problemas de la raza humana». La tenacidad es la solución a muchos de los problemas que encontrarás en el camino de tus sueños. Considera el hecho de que el Almirante Robert Peary intentó llegar al Polo Norte siete veces antes de lograrlo. Oscar Hammerstein produjo cinco espectáculos en Broadway que fueron fracasos antes de montar *Oklahoma*, obra vista por más de cuatro y medio millones de personas durante una racha récord de 2212 presentaciones. Thomas Edison fracasó en sus intentos de crear una bombilla luminosa práctica diez mil veces antes de crear una que finalmente funcionara. Para lograr tus sueños, tendrás que desarrollar la capacidad de seguir adelante cuando otros abandonan la lucha. ¡Tendrás que desarrollar tenacidad!

SIGUE LUCHANDO POR TU SUEÑO

El presidente Woodrow Wilson afirmó la importancia de los sueños: «Crecemos por nuestros sueños. Todos los grandes individuos son soñadores. Ven cosas en la neblina suave de un día de primavera, o en el fuego rojo de una larga noche de invierno. Algunos de nosotros permitimos que esos magníficos sueños mueran, pero otros los alimentan y protegen; los alimentan a través de los días malos hasta traerlos al sol y a la luz que siempre viene a los que sinceramente esperan que sus sueños se hagan realidad». Si quieres convertirte en alguien que alimenta un sueño hasta que se haga realidad, necesitas seguir trabajando, seguir esforzándote, seguir acercándote a tu sueño. Para hacer eso, ten en mente lo siguiente:

1. PARA ACERCARTE A TU SUEÑO... RECONOCE QUE DARTE POR VENCIDO TIENE QUE VER MÁS CON QUIEN ERES QUE CON DONDE TE ENCUENTRAS

Todos enfrentamos dificultades cuando trabajamos por alcanzar un sueño. Si alguien fracasa, podrá dar excusas por lo que salió mal, porque sucedió lo inesperado, porque alguien le decepcionó, porque las circunstancias obraron en su contra. Pero la realidad es que las cosas externas no detienen a la gente, es lo que les sucede en su interior. La mayoría de las personas se impiden a sí mismas alcanzar su potencial. Pueden pretender que otras personas, cosas y situaciones ajenas a sí mismos son las responsables por sus fracasos, pero en realidad, lo son ellos.

La mayoría de las personas se impiden a sí
mismas alcanzar su potencial.

Los que logran sus sueños no tienen un camino más fácil que los que no. Piensa en Elizabeth Keckly. Casi todo obraba en su contra, pero ella logró convertir sus sueños en realidad. No debemos crear excusas. En lugar de ello, nuestra actitud deberá ser como la del talentoso artista e inventor, Leonardo Da Vinci, quien dijo: «Los obstáculos no pueden aplastarme. Cada obstáculo cede ante la resolución firme. El que ha fijado su rumbo a una estrella no cambia de parecer». Hay que tener ese tipo de mentalidad para buscar un sueño tenazmente. La única garantía para el fracaso es dejar de intentarlo. No existe barrera insalvable, salvo nuestra inherente falta de persistencia.

La única garantía del fracaso
es dejar de intentarlo.

Existe una leyenda de un soldado que fue sometido a corte marcial ante Alejandro el Grande. Pensando que el veredicto era injusto, el soldado pidió apelarlo. El conquistador le informó que no había autoridad superior que él a quien pudiera apelar su caso. —En tal caso —respondió el soldado—, apelo mi causa de Alejandro el Pequeño a Alejandro el Grande.

Esa historia probablemente es apócrifa, pero señala una verdad que debemos enfrentar. En cada uno de nosotros hay un ego menor y un ego mayor que luchan por la supremacía. El menor nos lleva a la derrota, el mayor a la victoria. Esto es a lo que me refiero:

Nuestro yo menor dice: «No hay suficiente gente
que crea en ti. Nunca lo lograrás».
Nuestro yo mayor dice: «La fe que tengo en mí
mismo es suficiente. Puedo lograrlo».

Tawni O'Dell, autora de *Back Roads* [Caminos secundarios], selección del Oprah Book Club, escuchó a su yo mayor cuando observó: «Nunca te des por vencido de tu sueño... La perseverancia es sumamente importante. Si no tienes el deseo y la fe en ti mismo de seguir intentando después de que te hayan dicho que te des por vencido, nunca lo lograrás».

Nuestro yo menor dice: «Tomará demasiado
tiempo convertir tu sueño en realidad».
Nuestro yo mayor dice: «Los sueños se con-
vierten en realidad un día a la vez».

El diario de Cristóbal Colón muestra que él alimentó a su yo mayor y dejó con hambre a su yo menor cuando pasó por tormentas duras, trató con naves averiadas, enfrentó privaciones y temió un motín. Día tras día en su bitácora escribía: «Hoy seguimos navegando».

Nuestro yo menor dice: «¡Ya basta!
Has recibido suficientes golpes».

*Nuestro yo mayor dice: «He ido demasiado
lejos para darme por vencido ahora».*

El escritor H. E. Jensen debió haber escuchado a su yo mayor cuando dijo: «El hombre que gana pudo haber sido declarado fuera de combate varias veces, pero nunca escuchó al árbitro».

*Nuestro yo menor dice: «No tienes la fuerza
para aferrarte a tu sueño».
Nuestro yo mayor dice: «Resiste un poco más; la
hora más tenebrosa es justo antes del alba».*

La novelista Harriet Beecher Stowe obedeció a su yo mayor y dijo: «Cuando estés en un lugar estrecho y todo parezca estar en tu contra, hasta el punto que pareciera que no puedes soportarlo ni un minuto más, no te des por vencido aún, porque ese es justo el momento y el lugar en que la marea cambiará».

> *«El hombre que gana pudo haber sido declarado fuera de combate varias veces, pero nunca escuchó al árbitro».*
> —H. E. Jensen

Así que cuando las cosas van mal, cuando los obstáculos parecen demasiado grandes, cuando las dificultades parecen ser demasiadas, cuando tu sueño parece estar imposiblemente lejos, tu tarea consiste sencillamente en seguir adelante. Si te detienes, no será por lo que sucede a tu alrededor; sino por lo que sucede dentro de ti. El éxito probablemente se encuentra más cerca de lo que imaginas. Sólo sigue adelante.

2. Para acercarte a tu sueño...
Mejora tu vocabulario

A principios de los años 70 cuando estaba tratando de resolver ciertos problemas difíciles de liderazgo, pasaron varios meses sin hallar respuesta. Sentí deseos de tirar la toalla, pero mi naturaleza no es darme por vencido; soy demasiado enfocado para ello. Un día, exasperado, saqué un diccionario y busqué la palabra *abandonar*. Leí la definición y pasé unos cuantos minutos considerando esa alternativa. No podía hacerlo. En un acto simbólico de desafío, tomé unas tijeras y recorté la palabra para quitarla de mi diccionario, y de mi vocabulario. Haría lo que fuera necesario para lograr el éxito. Esa decisión no hizo que ninguno de mis problemas desapareciera, pero definitivamente fortaleció mi determinación.

Si quieres lograr tu sueño es necesario que prestes atención a lo que dices. El novelista francés Emile de Girardin observó esto en cuanto al poder de las palabras: «El poder de las palabras es inmenso. Unas palabras bien escogidas han detenido a ejércitos, cambiado una derrota en victoria y salvado a imperios». Las palabras que empleas tienen el poder de acercarte o alejarte de tu sueño. Observa la diferencia entre las declaraciones siguientes:

No se puede	Sí se puede
Nunca lo hemos hecho antes.	Tenemos la oportunidad de ser los primeros.

No contamos con los recursos.	La necesidad propicia la invención.
No hay suficiente tiempo.	Cambiaremos nuestra manera de trabajar.
Ya lo hemos intentado.	Aprendimos de la experiencia.
Es una pérdida de tiempo.	Imagina las posibilidades.
No tenemos los conocimientos.	Trabajemos con alguien que sí los tenga.
Nuestros proveedores no aceptarán la propuesta.	Mostrémosles las oportunidades.
No tenemos suficiente dinero.	Tal vez hay algo que podemos eliminar.
No tenemos suficiente personal.	Nuestro equipo está en forma y sediento de éxito.
No tenemos el equipo.	Tal vez podemos subcontratar a alguien.
Esto nunca mejorará.	Haremos un intento más.
Que otro se ocupe de ello.	Estoy listo para aprender algo nuevo.
Es demasiado radical.	Corramos el riesgo.
Nuestros clientes no lo comprarán.	Les encantará una vez que lo comprendan.
No es mi trabajo.	Gustosamente adoptaré la responsabilidad.
¡No puedo!	¡Sí puedo!

Si te oyes decir que no puedes hacer algo, entonces no podrás hacerlo, ni aunque tengas el talento, tiempo, recursos, estrategia y personal para lograrlo. Sólo los que dicen que pueden hacer algo lo

…n. Decir que crees en ti mismo no te garantiza el éxito, pero …ecir que *no* crees en ti mismo garantiza tu fracaso.

> *Decir que crees en ti mismo no te*
> *garantiza el éxito, pero decir que no crees*
> *en ti mismo garantiza tu fracaso.*

Me encanta la perspectiva de Bill Boeing, quien fundó Boeing Aircraft en 1916. En una placa colocada en la antigua sede de la empresa hay grabada una cita de él que dice: «A nadie le conviene descartar una idea novedosa con la afirmación de "no puede hacerse". Nuestro trabajo es continuar eternamente en la investigación y la experimentación, adaptar nuestros laboratorios a la producción tan pronto como resulte práctico, y no permitir que mejoramiento alguno en los vuelos y equipos de vuelos nos pasen de largo». ¡Esa actitud ha mantenido a su sueño y a la empresa Boeing con vida por más de noventa años!

3. Para acercarte a tu sueño... Reconoce que esperar hasta que todo esté en su lugar es una equivocación

El comediante Jonathan Winters aconsejaba: «Si tu barco no llega a puerto, entonces sal a nado a encontrarlo». Muchos se quedan esperando en el puerto. Quieren que el barco llegue a su lugar, con la pasarela en posición perfecta, el estado del tiempo favorable y una invitación grabada antes de atreverse a dar un paso al frente. Eso nunca sucederá. ¿Por qué? Porque nuestros sueños no se mueven hacia nosotros. Nosotros tenemos que movernos hacia ellos.

> *«Si tu barco no llega a puerto,*
> *entonces sal a nado a encontrarlo».*
> —JONATHAN WINTERS

Jack Canfield, en su maravilloso libro *Los principios del éxito: Cómo llegar de donde está a donde quiere ir,* escribe:

Es hora de dejar de esperar por

Perfección

Inspiración

Permiso

Seguridad

Que alguien cambie

Que llegue la persona correcta

Que los hijos salgan del hogar

Un horóscopo más favorable

Que la nueva administración entre en boga

La ausencia de riesgos

Que alguien te descubra

Un juego claro de instrucciones

Más confianza en ti mismo

Que el dolor desaparezca

En otras palabras, las condiciones nunca serán perfectas para que sigas tu sueño. De hecho, las condiciones podrían parecer no muy favorables; avanza de todas maneras, sé tenaz en tu compromiso a actuar.

4. Para acercarte a tu sueño...
Cambia tu manera de pensar

Si comparas la manera de pensar de las personas que se dan por vencidas fácilmente con la de las personas que avanzan tenazmente buscando sus sueños, ¿sabes cuál sería una de las diferencias principales? Aunque no lo creas, las personas de éxito no dedican la mayor parte de su tiempo pensando en lo que hay que hacer. En lugar de ello, dedican el doble del tiempo reflexionando sobre lo que ya han logrado y cómo son capaces de lograr lo que se han propuesto.

Me encanta la manera en la cual el entrenador de baloncesto de UCLA, John Wooden, expresa esta idea: «Las cosas salen mejor para la gente que saca el mejor provecho de la forma en la cual salen las cosas». Las personas de éxito son positivas. Creen que pueden lograr las cosas. En su mayoría, disfrutan lo que hacen, y esas cosas son importantes porque la búsqueda de un sueño es un viaje por un camino accidentado. Es cuesta arriba. Tiene muchos callejones sin salida. Sólo los que piensan correctamente logran el éxito.

> *«Las cosas salen mejor para la gente que saca el mejor provecho de la forma en la cual salen las cosas».*
> —John Wooden

La brecha más grande que separa a las personas que logran el éxito de las que no, es la brecha del pensamiento. Las personas que triunfan piensan de manera diferente que las que no lo hacen, especialmente en el área del fracaso. Lo ven como parte normal del éxito y lo superan. Jonas Salk, investigador médico que desarrolló la vacuna contra la polio, observó:

> Al examinar la experiencia de un experimentador, todo lo que uno hace, en cierto sentido, es tener éxito. Te dice qué no hacer, al igual que qué hacer. Con no poca frecuencia entro al laboratorio y me dirán que algo no dio resultado. Yo respondo: «¡Fantástico! ¡Hemos hecho un gran descubrimiento!» Si creías que algo iba a dar resultado y no lo da, eso te dice tanto como en el caso contrario. Así que mi actitud no es una de dificultades; mi actitud es una de desafíos y de «¿Qué me está diciendo la naturaleza?»[12]

Esa tenacidad proviene de una manera correcta de pensar, y es un distintivo de la gente de éxito. Continúan intentando, continúan aprendiendo, continúan avanzando. Ganan la batalla en sus mentes y luego de allí rebosa hacia todo lo que hacen. Muestran la misma clase de actitud que mostró el inventor Thomas Edison cuando afirmó: «Cuando decido por completo que hay un resultado que vale la pena obtener, prosigo en ello y hago ensayo tras ensayo hasta obtenerlo». Si quieres continuar avanzando hacia tu sueño, necesitas poseer una actitud similar.

5. Para acercarte a tu sueño... Reconoce que los recursos de tu sueño se detienen en el momento que te detengas tú

Existe una relación fuerte entre el avance hacia nuestros sueños y tener disponibles los recursos que nos hacen falta. Con mucha frecuencia deseamos ver los recursos o tenerlos a la mano antes de empezar a avanzar. Si hacemos eso, entonces no tendremos los recursos ni tampoco el movimiento. En lugar de ello, debemos ser como el caracol en la historia humorística que empezó a trepar un manzano en un frío día de invierno. Mientras ascendía lentamente, un gusano sacó la cabeza por una grieta y le dijo: —Estás desperdiciando tus energías. No hay una sola manzana allá arriba.

—No —respondió el caracol mientras continuaba subiendo—, ¡pero las habrá para cuando llegue!—[13] La historia es un tanto cursi, pero el sentimiento es verdadero. Sólo si avanzamos tendremos la oportunidad de recibir lo que necesitamos para lograr el éxito.

En 1995, mi hermano Larry y yo fundamos EQUIP, una organización sin fines de lucro que ha capacitado a más de dos millones de líderes en todo el mundo. En un evento desarrollado en Pebble Beach para celebrar el décimo aniversario de la organización, tuve la oportunidad de dirigir la palabra a 300 de los donantes a EQUIP. Mientras miraba el rostro de esos hombres y mujeres comprometidos financieramente con el sueño de capacitar a líderes a nivel internacional, me percaté de que conocía a apenas unos veinticinco de ellos cuando nació EQUIP. Más del noventa por ciento de estas personas clave, y de los recursos que proporcionan, entraron en escena *después* de que empezamos a avanzar. No lanzamos a EQUIP porque *ya teníamos* los recursos que necesitábamos. Lanzamos a EQUIP porque *necesitábamos* esos recursos.

> «*El esfuerzo libera su recompensa únicamente después de que el individuo se niegue a darse por vencido*».
>
> —W. CLEMENT STONE

Así es como siempre funciona. La visión no sigue a los recursos, sino que sucede al contrario. Primero tenemos el sueño, luego nos toca avanzar, entonces, y sólo entonces, las personas y los recursos aparecen. Como lo dijera el hombre de negocios y autor W. Clement Stone: «El esfuerzo libera su recompensa únicamente después de que el individuo se niegue a darse por vencido».

6. Para acercarte a tu sueño...
Practica la regla de las cinco

Millones de personas, incluyéndome a mí, se han sentido inspiradas por las historias halladas en los libros *Sopa de pollo para el alma* de Mark Victor Hansen y Jack Canfield. Creo que la mayoría de las personas supone que las casas editoriales estaban peleándose por la oportunidad de lanzar estas obras al mercado. Para nada que fue así. Fue una lucha enorme. Hansen y Canfield tuvieron muchas dificultades para hallar a alguien que se interesara por publicar el primer libro. Después tuvieron dificultades para lograr que alguien lo comprara. Hicieron muchas investigaciones y hablaron con muchos autores de éxito. Pero lo que finalmente les ayudó a cambiar su fortuna fue un consejo de un maestro llamado Scolastico, que les dijo: «Si fueras todos los días a un árbol muy grande y le dieras cinco golpes con un hacha muy afilada, eventualmente, sin importar el tamaño del árbol, caería».

Basándose en ese consejo, los autores desarrollaron lo que llaman la «regla de las cinco». Todos los días hacían cinco cosas que los acercaran a su sueño de vender libros. Ellos narran:

Con la meta de colocar *Sopa de pollo para el alma* en la cima de la lista de bestsellers del *New York Times*, eso significaba que necesitábamos tener cinco entrevistas por radio o enviar cinco copias a editores que pudieran revisar el libro para publicar una crítica, o llamar a cinco empresas de mercadeo y pedirles que compraran el libro como instrumento motivador para su personal de ventas, o dar un seminario a no menos de cinco personas y vender el libro en la parte posterior de la sala. Había días en los que sencillamente enviábamos cinco copias gratuitas a las personas que aparecían en el *Celebrity Address Book* (libro de direcciones de personas célebres), personas tales como Harrison Ford, Barbra Streisand, Paul McCartney, Steven Spielberg y Sidney Poitier. Como resultado de esa última actividad tuve la oportunidad de conocer a Sidney Poitier, a solicitud suya, y luego nos enteramos de que el productor del programa de televisión *Tocado por un ángel* exigía a todos los que trabajaban en ese programa que leyeran *Sopa de pollo para el alma* para que tuvieran «la perspectiva mental correcta». Un día enviamos copias del libro a todos los miembros del jurado del juicio de O. J. Simpson. Una semana después, recibimos una carta cordial del Juez Lance Ito agradeciéndonos por pensar en el jurado, quienes estaban segregados, sin permitírseles ver televisión ni leer los periódicos. Al día siguiente, cuatro miembros del jurado fueron vistos por la prensa leyendo el libro, y eso condujo a valiosas relaciones públicas para el libro.

Hicimos llamadas telefónicas a personas que hicieran una evaluación crítica del libro, redactamos comunicados de prensa, llamamos a programas de entrevistas (algunos a las 3 de la mañana), regalamos copias del libro en nuestras charlas, los enviamos a ministros para que los usaran como fuente para sus sermones, dimos charlas gratuitas de «Sopa de pollo para el alma» en iglesias, autografiamos libros en cualquier librería que nos recibiera, pedimos a negocios que compraran el libro por grandes cantidades para sus empleados, colocamos el libro en los mercados de bases militares, pedimos a colegas oradores que vendieran los libros en sus presentaciones, solicitamos a empresas que organizan seminarios que incluyeran el libro en sus catálogos, compramos un directorio de catálogos y solicitamos a los que fueran apropiados que incluyeran el libro, visitamos boutiques y tiendas de tarjetas para solicitarles que vendieran el libro, hasta solicitamos a gasolineras, panaderías y restaurantes que vendieran el libro. Fue un gran esfuerzo, un mínimo de cinco cosas al día, día tras día, por más de dos años.

¿Fue eficaz la regla de las cinco? Decídelo por ti mismo. La franquicia de *Sopa de pollo para el alma* tiene 170 títulos publicados en 41 idiomas y ha vendido 112 millones de copias.[14] Si puedes tener un tipo similar de tenacidad y constancia por lo que dure tu búsqueda, estoy seguro de que también verás un gran progreso hacia tu sueño.

7. PARA ACERCARTE A TU SUEÑO... RECUERDA QUE
CUANDO HAYAS AGOTADO TODAS LAS POSIBILIDADES,
REALMENTE NO LAS HAS AGOTADO

Hace muchos años, tenía una asistente ejecutiva llamada Bárbara Brumagin. Al igual que mi asistente actual, Linda Eggers, Bárbara era excelente. Siempre estaré en deuda con ella por el servicio que me prestó en aquellos años, pero recuerdo con claridad un momento decisivo en su rendimiento al principio de nuestra relación laboral. Sucedió el día en que desarrolló una tenacidad que la distinguía de la mayoría de las personas con las que he trabajado a través de los años.

Bárbara había sido mi asistente por unas cuantas semanas cuando le pedí que averiguara el número telefónico de una persona a quien necesitaba llamar. En cuestión de minutos, Bárbara regresó a mi oficina y me dijo que no podía hallar el número. Esto fue a principios de los años 80, antes de que la Internet facilitara tales tareas.

—Bárbara, eso no es aceptable —dije, sabiendo que la naturaleza de nuestra relación laboral sería impactada por lo que iba a suceder en los próximos minutos. —Tráeme tu tarjetero y siéntate a mi lado.

Miré entre los números de teléfono en su tarjetero, buscando un punto de partida. Luego empecé a hacer llamadas. Seguí el camino hasta donde me llevara, anotando datos y números según avanzaba. No fue tarea fácil, pero finalmente, después de cuarenta y cinco minutos, hallé el número que le había pedido. Luego se lo entregué y le dije: —Bárbara, siempre hay la manera de hallar una respuesta. Tu trabajo es terminar la tarea. No volvamos a tener esta conversación. Adivina qué sucedió. Nunca tuvimos que repetirla. No siempre obtuve lo que deseaba tan rápido como lo quería, pero Bárbara nunca se dio por vencida.

Si quieres alcanzar tu sueño, no puedes darte por vencido. Aun si todas las avenidas parecen callejones sin salida y sientes que has agotado todas las posibilidades, en realidad no las has agotado. Siempre hay otras maneras, otras alternativas, otras oportunidades. Aun si no las ves en este momento, están allí. No te rindas.

El anterior campeón de pesos pesados Jack Dempsey decía: «Un campeón es el que se levanta cuando ya no puede». Creo que las personas que logran sus sueños siguen andando cuando piensan que no pueden, son tenazmente persistentes. Como resultado, siguen acercándose a ellos día tras día. Algunos días avanzarán apenas unos centímetros, pero están avanzando.

> *«Un campeón es el que se levanta*
> *cuando ya no puede».*
> —JACK DEMPSEY

Un sueño no sólo es una visión que te inspira a seguirla al futuro, también es una vara de medir para cada día y una motivación para cada esfuerzo. Si has escogido tu sueño sabiamente, entonces deberás buscarlo tenazmente.

¿PUEDES RESPONDER AFIRMATIVAMEN-
TE A LA PREGUNTA DE LA TENACIDAD:
ME ESTOY ACERCANDO A MI SUEÑO?

Si no te estás acercando a tu sueño, entonces posiblemente no eres suficientemente tenaz en la búsqueda. La clave para desarrollar la tenacidad es cambiar, no esforzarte más en las mismas cosas. Considera en cuáles de las cosas mencionadas en este capítulo debes enfocarte:

Cambia tu manera de pensar. ¿Estás convencido de que no puedes lograr el éxito? ¿Te describes a ti mismo o lo que haces en términos negativos? ¿Temes empezar porque las condiciones no son favorables? ¿Dejas de tratar de avanzar cuando no tienes los recursos que necesitas? Si es así, es necesario que cambies tu manera de pensar. ¿Qué puedes hacer de modo diferente hoy para romper ese ciclo de pensamientos negativos?

Cambia tu perspectiva. ¿Tienes una perspectiva a corto plazo cuando se trata de lograr tu sueño? ¿Estás esperando el éxito en cuestión de días, semanas o meses? Recuerda, cuanto mayor sea el sueño, más tiempo probablemente tardará. Ajusta tus expectativas. Crea un calendario más razonable para alcanzarlo.

Cambia tus hábitos de trabajo. Adopta la regla de las cinco. ¿Cuáles cinco cosas puedes hacer hoy para avanzar tu causa y acercarte a tu sueño, sin importar lo pequeño que sea el avance? No olvides que lo que dijo el autor y editor Robert Collier es cierto: «El éxito es la suma de esfuerzos pequeños que se repiten día tras día».

CAPÍTULO 9

La pregunta de la satisfacción: *¿Me trae satisfacción trabajar para cumplir mi sueño?*

*Si uno avanza confiadamente en la dirección de sus sueños
y se esfuerza por vivir la vida que se ha imaginado,
hallará un éxito que no es de esperarse en horas comunes.*
—HENRY DAVID THOREAU

Si sientes pasión por tu sueño, probablemente tienes la energía y el incentivo que se necesita para ponerte en marcha y dar pasos para buscarlo. Si has respondido a la pregunta del costo afirmativamente, entonces estás preparado para sacrificar en aras de ver que tu sueño se convierta en realidad. Si posees tenacidad, entonces probablemente no te darás por vencido de tu sueño cuando sea difícil buscarlo. ¿Son suficientes estas cualidades para sostenerte? Posiblemente. Pero hay otra pregunta que es necesario hacer, una que define si el sueño que buscas vale la pena el esfuerzo, tiempo y atención que le estás dando. Deberás responder a la pregunta de la satisfacción: ¿Me trae satisfacción trabajar para cumplir mi sueño?

Podrás preguntarte: «¿Y eso importa? ¿Qué diferencia hace siempre y cuando logre mi sueño sin violar mis valores?»

> *Lograr un sueño tiene que ver con mucho más*
> *que lo que logras. ¡Tiene que ver con la persona*
> *en la que te conviertes en el proceso!*

Creo que eso marca toda la diferencia del mundo, porque lograr un sueño tiene que ver con mucho más que lo que alcanzas. ¡Tiene que ver con la persona en la que te conviertes en el proceso! Un gran sueño no es meramente un destino, es el agente catalizador para un gran viaje. Si ese viaje es el correcto y puedes responder afirmativamente a la pregunta de la satisfacción, no diría que el destino no es importante, pero sí digo que aunque no logres alcanzar tu sueño, vale la pena hacer el viaje. ¿Por qué? Porque el viaje en sí trae satisfacción.

¿SATISFACCIÓN O FRUSTRACIÓN?

Siempre hay una brecha enorme entre el nacimiento de un sueño y el logro del mismo. Lo que debes preguntarte es si esa brecha será de satisfacción o de frustración. Si es una brecha de frustración, te sentirás miserable la mayoría de los días que estés en ella. Y cada día que te sientas frustrado en lugar de satisfecho, reducirás las probabilidades de continuar avanzando hacia tu sueño.

El autor y experto en mercadeo Seth Godin denomina a esta brecha que existe entre lo que te propones hacer y el momento en el que empiezas a ver resultados significativos «el bache», y ha escrito un libro al respecto. Dice que cada uno debe buscar ser el mejor en el mundo en lo que hace. Cree que esa es la única manera de alcanzar el éxito. (Él argumenta que las cosas que hacemos que no tienen el potencial de alcanzar semejantes alturas son callejones sin salida que deben abandonarse.) Pero para ser el mejor, primero hay que pasar por el bache, el cual se ve así:

Godin dice: «Todos nuestros éxitos son iguales, y también nuestros fracasos. Logramos el éxito cuando hacemos algo notable. Fracasamos cuando nos damos por vencidos prematuramente. Logramos el éxito cuando somos lo mejor del mundo en lo que hacemos. Fracasamos cuando nos distraen tareas que no tenemos las agallas suficientes para abandonar».[1] Cuanto más profundo sea el bache, argumenta Godin, tanto mayor será el potencial de recompensas porque el bache aparta a otros que pudieran intentar seguir el mismo camino que nosotros.

Diría que el bache representa tanto las adversidades que hay que enfrentar como la curva de aprendizaje que hay que superar para lograr los resultados deseados. Para alcanzar nuestros sueños, tenemos que pasar por la brecha entre la concepción y la realización. Eso significa vencer obstáculos, tratar con curvas de aprendizaje difíciles, y sencillamente trabajar duro. Si no tenemos un sentido fuerte de satisfacción durante el camino, estaremos en problemas.

DE WALL STREET A LAS CARRETERAS
RURALES DE ÁFRICA

Siempre me intriga cuando leo de alguien que deja una carrera exitosa para seguir su sueño. Recientemente leí unos perfiles en las revistas

Fortune y *Forbes* de una persona que encaja en esa descripción. Se llama Jacqueline Novogratz, y ella abandonó una carrera exitosa y potencialmente muy lucrativa en Wall Street para seguir algo que le daría mucha más satisfacción.

Novogratz tiene aptitud para los negocios. Es la mayor de siete hermanos, trabajó para pagarse los estudios universitarios y luego tomó un empleo en la banca internacional con Chase Manhattan Bank. Supongo que podría decirse que los negocios y las finanzas corren en la sangre de su familia. Tres de sus hermanos siguieron un camino similar y ahora disfrutan de carreras destacadas en las finanzas. Uno de ellos es su hermano Mike, presidente del Fortress Investment Group, que aparece en la lista *Forbes* de los individuos más ricos del mundo en el año 2007.[2] Jacqueline Novogratz menciona a Henry Ford como uno de sus héroes del mundo de los negocios porque él «vio el vínculo entre el negocio y los consumidores; comprendió que sus obreros también eran parte del mercado que buscaba, creó trabajos que aumentaron los salarios y fabricó productos que los obreros podían pagar».[3]

Aparte de tener una mente para las finanzas, Novogratz tiene corazón por la gente. Siempre ha poseído un deseo fuerte de ayudar a los menos afortunados. Ella cita como otro de sus héroes al líder indio Mahatma Gandhi porque «él comprendía la importancia de la igualdad y la dignidad humana». También admira lo que describe como «su brillantez como promotor y comunicador. Por medio del simbolismo y de las palabras, él pudo mover primero a un continente y luego al mundo».[4]

Por tres años Novogratz viajó por todo el mundo a nombre de Chase Manhattan Bank. Visitó cuarenta países en ese lapso. Cuando estaba en Brasil, aquel país estaba atravesando su crisis de deuda, y eso realmente la impactó. «Vi a todas esas personas en los barrios bajos sin acceso alguno a créditos bancarios, mientras nosotros firmábamos millones de dólares en préstamos para los adinerados», dice. «Algo no estaba bien con este cuadro».[5] Ella renunció a su trabajo y marchó en una nueva dirección. Deseaba ayudar a los más pobres de los pobres del mundo.

Novogratz recuerda cuando llegó a Costa de Marfil siendo una joven idealista: «Acababa de salir de Wall Street, me había cortado el cabello para parecerme a Margaret Mead, había regalado casi todas mis posesiones, y llegué con todo lo esencial: algo de poesía, unas cuantas ropas y, por supuesto, una guitarra, porque iba a salvar al mundo y pensé que empezaría con el continente africano».[6] De más está decir que era un tanto ingenua. Pero sí se involucró en algo que combinaba sus dos actividades amadas de ayudar a la gente y los negocios: microfinanciar proyectos. Se enteró de una panadería manejada por veinte prostitutas en Kigali, Rwanda. Cuando fue a investigar, halló a un grupo de madres solteras que estaban siendo apoyadas por una iglesia y que se les mantenía ocupadas en una panadería que estaba perdiendo dinero. Ella se propuso ayudarles a convertirla en un negocio rentable y luego de cierto tiempo, lo logró. Las mujeres pasaron de recibir cincuenta centavos al día como limosna a ganar tres veces el salario promedio nacional por día.

Cuando trabajaba en Wall Street, Novogratz dice que vio «el poder del capital para crear negocios y el poder de los negocios para crear cambios».[7] Al ir obteniendo experiencia, su visión se hizo más clara. Quería combinar el poder y la solidez de los negocios con el deseo de una organización caritativa para ayudar a los más pobres de los pobres. Asistió a Stanford y obtuvo una maestría en administración de empresas. Luego en el 2001 lanzó el Fondo Acumen. Según su sitio Web:

El Fondo Acumen es una empresa global sin fines de lucro que emplea enfoques empresariales para resolver los problemas de la pobreza global. Buscamos demostrar que cantidades pequeñas de capital filantrópico, combinadas con dosis grandes de visión para los negocios, pueden formar empresas pujantes que sirvan a grandes cantidades de pobres. Nuestras inversiones se enfocan en entregar productos y servicios críticos a costo razonable, tales como salud, agua, vivienda y energía, por medio de enfoques innovadores y orientados al mercado.[8]

Novogratz había visto que las organizaciones caritativas por sí solas no resolvían los problemas de los pobres porque nunca ofrecen soluciones a largo plazo. Los negocios por sí solos no ayudan a los más pobres porque buscan ganancias rápidas sobre sus inversiones y por eso nunca se enfocan en ellos. Novogratz dice: «Los enfoques basados en el mercado que apoya a los negocios sostenibles con el potencial para crecer, pueden facultar a las personas que viven en pobreza cuando se haya agotado el capital caritativo. Así ellas podrán resolver sus propios problemas a largo plazo. Nuestra meta es transformar cómo ve el mundo a los pobres, no como receptores pasivos de caridad, sino como individuos con el potencial de tomar el control de sus propios destinos».[9]

Muchas organizaciones caritativas ayudan a personas en países en desarrollo empleando microfinanciamiento, por ejemplo, al prestarles $150 dólares a mujeres para que se compren máquinas de coser. Acumen adopta un enfoque diferente. Invierte de $600,000 a $1 millón en negocios que proporcionan productos y servicios a los pobres en países tales como Egipto, India, Kenia, Pakistán y Tanzania, creando a la vez fuentes de empleo en esos países. Hasta la fecha, Acumen ha invertido $27 millones en dieciocho negocios en Asia y África. Las inversiones han contribuido a negocios diversos tales como servicios médicos en Mumbai, tratamiento químico de mosquiteros para protección contra la malaria en Tanzania, viviendas económicas en Pakistán y sistemas de riego para pequeños granjeros en India.

Cuando Novogratz empezó a trabajar en África, pensaba que podría cambiar el mundo rápidamente. Ahora, después de veinte años de experiencia, ya no es ingenua, pero sigue sintiéndose apasionada por lo que hace. Claramente el trabajo le da satisfacción. «Aunque apenas es el principio», dice, «la emoción de un cambio real escalable es lo que es extraordinario. Así que no podemos dedicarnos a ayudar a cien ni doscientos; tenemos que trabajar para cambiar las vidas de millones de personas, y creo que podemos hacerlo, si somos un mundo unido».[10]

HALLANDO SATISFACCIÓN EN LA BRECHA

Si quieres que la búsqueda de tu sueño sea sostenible, esta tendrá que darte satisfacción. Deberás poder responder a la pregunta de la satisfacción con un sí rotundo, tal como lo hizo Jacqueline Novogratz. ¿Cómo puede hacerse eso? Aprendiendo cosas que otras personas satisfechas llegan a conocer cuando viven en la brecha que separa el nacimiento de un sueño de su eventual cumplimiento. Éstas son:

1. Las personas satisfechas comprenden la diferencia entre el sueño y su realización

Si has respondido afirmativamente a la pregunta de la realidad, entonces tu sueño puede lograrse. No obstante, no sucede así con el cuadro ideal de tu sueño que alojas en tu cabeza. Es vital que comprendas esto si quieres experimentar una satisfacción mientras te esfuerzas por él. Si no lo comprendes, estarás destinado a la frustración.

Recientemente escuché un mensaje por CD dado por Dan Sullivan, orador y consultor, en el cual describía la diferencia entre nuestros «ideales» y nuestras «realidades». Describe un ideal como «una construcción mental», un elemento de nuestro cerebro, que nos permite enfrentar el futuro. El ideal es un cuadro que creamos de los eventos y situaciones deseables futuros que nos permite avanzar por el tiempo. El ideal no existe fuera de nuestra mente ni tampoco puede lograrse».[11]

¿Por qué no puede lograrse esa imagen ideal de tu sueño? Porque depende de que todo salga perfecto, y eso no es posible. La vida es, cuando mucho, desordenada. Está llena de sorpresas, tanto buenas como malas. Si necesitas que la imagen ideal de tu sueño sea la que se cumpla para sentirte satisfecho, entonces *nunca* te sentirás satisfecho. Estarás eternamente desilusionado.

Eso no quiere decir que debes dejar de lado tu visión ideal ya que es útil para ayudarte a establecer metas, hallar una motivación interna y luchar por la excelencia. Sin embargo, también deberás atenuarla. Si bien los sueños idealistas esperan hacerse realidad de inmediato, los sueños realistas te hacen apreciar el tiempo que toma para que se tornen en realidad. Si bien los sueños idealistas no toleran nada que no sea la perfección, los sueños realistas te dan espacio para que seas humano e imperfecto. Si bien los sueños idealistas te preparan para un desencanto, los sueños realistas te preparan para el éxito.

2. LAS PERSONAS SATISFECHAS COMPRENDEN
QUE EL TAMAÑO DEL SUEÑO DETERMINA
EL TAMAÑO DE LA BRECHA

Cuanto mayor sea el sueño, tanto más satisfactorio tiene el potencial de ser. Sin embargo, cuanto mayor sea el sueño, tanto mayor será la brecha entre su nacimiento y su cumplimiento. Si has escogido una meta grande, espeluznante y audaz (lo que Jim Collins denomina una MGEA), entonces vivirás en una brecha grande, espeluznante y audaz. Si has seleccionado una MDTM, madre de todas las metas, ¡entonces deberás anticipar la madre de todas las brechas! Sencillamente así es. Cuanto mayor sea el avión, tanto más larga la pista de despegue; cuanto mayor sea la meta, tanto mayor será la brecha.

> *«Si quieres ser feliz, fíjate una meta que gobierne tus pensamientos, libere tu energía e inspire tus esperanzas».*
> —ANDREW CARNEGIE

Andrew Carnegie, quien fuera el hombre más rico de Estados Unidos a principios del siglo XX, afirmó: «Si quieres ser feliz, fíjate una meta que gobierne tus pensamientos, libere tu energía e inspire tus esperanzas». Y aunque ese es un buen consejo, debes tener en mente que también te estás preparando para un viaje de larga distancia, y ese tipo de viaje desgasta a muchos. Si quieres hacer el recorrido, necesitarás de determinación para seguir adelante, creatividad para vencer obstáculos y otras personas para ayudarte a llevar la carga.

3. LAS PERSONAS SATISFECHAS SIGUEN SOÑANDO MIENTRAS AVANZAN POR EL VIAJE

Para mantener nuestros sueños con vida y hallar satisfacción en su búsqueda, tenemos que permitirnos a nosotros mismos seguir soñando. Esto es una parte tan esencial de la existencia humana que tiene la capacidad de mantenernos en marcha. Cuando el autor John Steinbeck, ganador del Premio Nobel, estaba trabajando en su obra *Al este del Edén*, escribió a su editor:

> Voy a fijar los planes de Adán para su vida. El hecho de que no cumplirá siquiera uno de ellos carece de énfasis alguno. Los planes son cosas reales y no experiencias. Una vida rica lo es rica en planes. Si no se cumplen, siguen estando un tanto realizados. Si se cumplen, podrían ser una desilusión. Por eso es que la descripción de un viaje se torna mejor cuanto más tiempo pasa entre el viaje y la narración del mismo. También creo que si conoces los planes de un hombre, le conoces mejor que en ninguna otra manera. Los planes son sueños despiertos y esta es la medida absoluta de todo hombre... Supongo que una de las cosas que nos distingue de los animales son nuestros sueños y nuestros planes.[12]

Pienso que la mayoría de las personas creativas intuitivamente comprenden la importancia de soñar como un proceso de inspiración, motivación y satisfacción. George Lucas, creador y productor de las películas *La guerra de las galaxias*, dice que una de las cosas que lo impulsaron a él y a sus colegas a seguir adelante en los tiempos difíciles fue esta: «Siempre estábamos soñando sobre cómo llegarían a ser las cosas». Si no eres una persona naturalmente creativa, tal vez tendrás que aprender cómo seguir soñando, y si puedes hacerlo con sentido del humor, eso no hace daño. Alguien me contó que vio a un estudiante en bicicleta en un campus universitario. La camiseta de aquel estudiante tenía el mensaje: «Algún día seré doctor». En su bicicleta había un letrero que también tenía un mensaje: «Algún día seré un Mercedes». Ese es un individuo que ha aprendido a seguir soñando.

4. LAS PERSONAS SATISFECHAS APRECIAN CADA PASO QUE AVANZAN EN EL VIAJE

Tengo un amigo que siempre me responde de la misma manera cuando le pregunto cómo le va. «Estoy viviendo el sueño», dice. ¿Significa eso que ya ha logrado su sueño? No. Lo que está diciendo es que su respuesta a la pregunta de la satisfacción es sí. ¡Con sólo trabajar por lograr su sueño obtiene satisfacción!

El autor y conferencista Jim Rohm señala: «Los dos asesinos del éxito son la impaciencia y la avaricia».Creo que esas dos cosas también asesinan sueños. La mayoría de las personas buscan resultados rápidos y dramáticos. Sin embargo, la realidad es que la mayoría de los sueños se logran muy lentamente, y los resultados se producen de modo poco espectacular. Si has logrado alguna meta grande en tu vida, entonces ya sabes que alcanzarla puede ser algo menos emocionante que imaginarla. Por eso necesitas aprender a sacarle satisfacción al viaje y hallarla en los pequeños pasos a lo largo del camino. La aviadora pionera Amelia Earhart afirmó: «Puedes hacer cualquier cosa que te propongas. Puedes actuar para cambiar y tomar control de tu vida; y el procedimiento, el proceso resulta ser su propia recompensa».

> «*Los dos asesinos del éxito son la impaciencia y la avaricia*».
> —JIM ROHN

Las personas más exitosas, y más contentas, que conozco se gozan en el viaje hacia sus sueños. Una de esas personas es el entrenador John Wooden. En *The Essential Wooden* [La esencia de Wooden], escribe acerca de lo mucho que disfrutó del proceso de trabajar durante su carrera.

Si pudiera regresar y escoger un solo día de mi vida en los deportes para volverlo a vivir, tal vez te sorprendería el que escogería.

No sería aquel día en 1927 cuando nuestro equipo de baloncesto de la escuela de bachillerato de Martinsville ganó el campeonato estatal de Indiana. Ni tampoco sería alguno de los juegos que jugué como miembro de los Boilermakers de Purdue, ni el que serví como entrenador en el Indiana State Teachers College ni en UCLA.

Este es el día que escogería si pudiera regresar en el tiempo. Me gustaría dirigir un día más de práctica en el gimnasio.

Cada día de práctica fue, por mucho, lo más satisfactorio, emocionante y memorable que hice como entrenador: enseñarles a aquellos bajo mi supervisión cómo lograr el éxito al ser miembros de un equipo.

«El viaje es mejor que la posada», escribió Cervantes. La lucha, la planificación, la enseñanza, el aprendizaje, la búsqueda (la cual, por supuesto, es el viaje) rebasan a todo lo demás para mí, incluyendo las marcas, los títulos o los campeonatos nacionales.

Los premios y reconocimientos, el marcador final, todos tienen su lugar respectivo, y no los descarto. Pero para mí, Cervantes dio en el clavo. Mi gozo se hallaba en el viaje.

Tal vez quieras examinar la fuente de tu propia felicidad, gozo. ¿Se encuentra en tu viaje, o únicamente en el premio, la posada?[13]

Wooden logró más como entrenador que casi ningún otro en cualquier deporte. Las personas sueñan con obtener apenas una fracción de su éxito. Sin embargo su deleite no se hallaba en sus ocho títulos nacionales. No se hallaba en su temporada perfecta. Se hallaba en el viaje.

5. LAS PERSONAS SATISFECHAS HACEN DESCUBRIMIENTOS NUEVOS MIENTRAS VIVEN EN LA BRECHA

Si continúas avanzando hacia tu sueño y mantienes los ojos abiertos en el camino, eventualmente hallarás puertas abiertas que conducen a descubrimientos maravillosos. El científico Koichi Tanaka describe este fenómeno y cómo puede surgir durante la búsqueda agradable de un sueño. Mientras trabajaba intentando crear un ión con rayos láser, dice: «Fracasé por semanas y meses antes de lograr crear un ión ¿Por qué continué con el experimento? Porque lo disfrutaba. Era divertido para mí llegar a saber algo que nunca antes había sabido, y esa diversión me dio persistencia». Esa persistencia le ayudó a ganar un Premio Nobel en química.

Tienes el potencial de hacer muchos descubrimientos maravillosos durante la búsqueda de tu sueño. Ninguno será superior a lo que descubrirás de ti mismo; sé que así ha sido en mi caso. Mientras sigues tu sueño, hallarás que puedes ser más persistente de lo que creías; puedes ser más ingenioso de lo que imaginabas; puedes ir a lugares y hacer cosas que jamás pensaste posibles.

> *Tienes el potencial de hacer muchos descubrimientos maravillosos durante la búsqueda de tu sueño. Ninguno será superior a lo que descubrirás de ti mismo.*

La búsqueda de mi sueño me ha sacado de mi zona de comodidad, ha elevado mi forma de pensar, me ha dado confianza y ha confirmado mi sentido de propósito. La búsqueda de mi sueño y mi crecimiento personal están tan entrelazados que ahora me pregunto: *¿Hice yo mi sueño, o mi sueño me hizo a mí?*

El autor Thomas Merton escribió que ya tenemos lo que necesitamos. Con eso quiso decir que no necesitamos buscar cosas fuera de nosotros mismos para hallar satisfacción. En realidad, es cuestión de actitud. Podemos escoger estar contentos, satisfechos con nuestras vidas, no se trata de conformarnos, sino de descubrir nuestros sueños y luchar por ellos. El valor más grande de tu sueño no es lo que obtendrás de él, sino la persona en la que te convertirás al buscarlo. Al final, lo que conquistamos no son nuestros sueños, sino a nosotros mismos. Tú y yo podemos descubrirnos a nosotros mismos si estamos dispuestos a buscar satisfacción en la brecha.

> *Al final, lo que conquistamos no son nuestros sueños, sino a nosotros mismos.*

El espíritu humano es un milagro. Una vez que acepta una idea nueva o recibe una verdad nueva, queda cambiado para siempre. Una vez que se ha estirado, adopta una forma nueva y nunca recupera su forma original. Cuando eso sucede, nos sentimos satisfechos. No es sorpresa que la autora de libros para niños Elizabeth Coatsworth dijera: «Cuando sueño, no tengo edad».

6. LAS PERSONAS SATISFECHAS ACEPTAN LA LEY DEL EQUILIBRIO: LA VIDA ES TANTO BUENA COMO MALA

Los optimistas tienden a pensar que todo en la vida es bueno; los pesimistas que todo es malo. La realidad es que ninguno de esos puntos de vista está en lo cierto. La vida es ambas cosas. Solamente los que aceptan y reciben esa verdad son capaces de hallar satisfacción. ¿Por qué? Porque los que la aceptan, pero no la reciben, se tornan apáticos, y enfrentan cada dificultad encogiéndose de hombros y suspirando. Podrán sobrevivir, pero no lograrán el éxito.

Para alcanzar un sueño y sentirse satisfecho en el proceso hay que ser proactivo, en las épocas malas y en las buenas. Una de las cosas que he observado a través de los años es que las personas de éxito hacen lo correcto sin importar sus sentimientos, y al hacer lo correcto, se sienten bien. Por otro lado, las personas sin éxito esperan a sentirse bien para hacer lo correcto. Como resultado de ello, ni hacen lo correcto ni llegan a sentirse bien.

> *Las personas de éxito hacen lo correcto sin importar sus sentimientos, y al hacer lo correcto, se sienten bien.*

Cuando atraviesas la brecha rumbo a tu sueño, la mayor parte del tiempo no sentirás deseos de hacer lo que es correcto para convertir tu sueño en realidad. Necesitarás hacerlo de todas maneras. Eso fue lo que hizo Nelson Mandela. Hizo lo correcto sin importar sus sentimientos al respecto. Dice: «He descubierto el secreto que después de haber trepado un gran monte, uno halla muchos más montes que trepar. He dedicado un momento allí para descansar, para darle una mirada a la gloriosa vista que me rodea, para mirar la distancia que he recorrido. Pero sólo puedo descansar por un momento, pues la libertad conlleva responsabilidades y no me atrevo a quedarme allí, porque mi larga caminata aún no ha terminado».[14]

Si eres capaz de siempre hacer lo correcto, a pesar de cómo te sientas, a pesar de las circunstancias y a pesar de lo que otros digan o hagan, te sentirás satisfecho contigo mismo. Y eso, al final de la jornada, contribuirá mucho en determinar si te sientes satisfecho o no.

AMA LA TRAVESÍA

Hay un viejo refrán que dice que si amas lo que haces en tu trabajo, entonces ni un sólo día de tu vida sentirás que trabajaste. Pienso que eso no es precisamente cierto. La mayoría de las personas trabajan duro, aun si les encanta su trabajo. Les es necesario hacer cosas que no quieren hacer. Deben esforzarse más allá de lo que resulta cómodo. Probablemente es más preciso decir que si estás haciendo algo en lo que crees, el duro trabajo que hagas te dará profunda satisfacción. El trabajo será satisfactorio.

La novelista Úrsula K. Le Guin afirmó: «Es bueno tener un fin hacia el cual viajar, pero el viaje es lo que importa a final de cuentas». He conocido a muchos que sufren del mal del destino. Piensan que llegar a cierto punto en su vida les dará la felicidad. Qué lástima, porque la realidad es que en muchos casos, cuando llegamos a donde pensábamos que llegaríamos, descubrimos que no es lo que esperábamos. Si te obsesionas con un destino, aunque sea un destino de ensueño, puedes perderte de las magníficas cosas que suceden en el camino, y te pierdes del gozo de hoy. Si estás convencido que un día futuro será tu mejor día, no invertirás suficiente en hoy, ni tampoco le sacarás provecho suficiente.

Si no estás haciendo algo con tu vida, no importa cuán larga sea. No basta con sólo sobrevivir, necesitas realmente vivir. No tiene nada de extraordinario recorrer sencillamente la distancia entre el nacimiento y la muerte. Recorrer todo el camino, esa fue la meta de Rocky Balboa en la película *Rocky* original. Él calculaba que no tenía posibilidad alguna de ganar, así que se fijó como meta recorrer sencillamente todo el camino, no quedar muy avergonzado, que no lo noquearan. Antes de su oportunidad de ir a la gran pelea, carecía de metas. Sencillamente existía, reaccionando a lo que hacían los demás a su alrededor. Pero algo sucedió cuando se fijó aquella primera meta; cuando tuvo aquel primer sueño. Descubrió cosas en el proceso de buscarla, descubrió que tenía más cosas en sí que lo que hubiera pensado. Disfrutó del viaje y eso le condujo a soñar sueños más grandes. Y, por supuesto, en las películas siguientes, llegó a ganar el campeonato mundial de peso pesado.

> *Si no estás haciendo algo con tu vida, no importa cuán larga sea. No basta con sólo sobrevivir, necesitas realmente vivir.*

Por supuesto, Rocky es un personaje ficticio. No obstante, su viaje revela verdades básicas sobre lo que significa hallar satisfacción en la búsqueda de un sueño. El proceso lo es todo; lo que marca la diferencia es la persona en la cual *te conviertes* durante él. Si puedes hallar contentamiento en el viaje hacia tu sueño, si puedes responder sí a la pregunta de la satisfacción, entonces podrás acostarte al final del día sabiendo que has vivido ese día bien, no importa lo que te depare el mañana.

¿PUEDES RESPONDER AFIRMATIVAMEN-
TE A LA PREGUNTA DE LA SATISFACCIÓN:
ME TRAE SATISFACCIÓN TRABAJAR PARA
CUMPLIR MI SUEÑO?

Si *no puedes* responder afirmativamente a la pregunta de la satisfacción, entonces tienes el sueño equivocado, o la actitud equivocada hacia tu sueño. Si detestas lo que te es necesario hacer para buscar tu sueño, entonces estás en el camino equivocado. Examina tus motivos, trata de discernir por qué te has fijado ese sueño como meta. ¿Existen incongruencias entre la persona que eres y lo que estás buscando lograr? No quiero repetir lo que ya he dicho, pero tal vez necesitas examinar la pregunta de la posesión una vez más; o tal vez tu respuesta a la pregunta de la pasión no fue honesta; o tal vez estás pagando un precio excesivamente alto por tu sueño. Si buscarlo hace que violes tus valores, te es necesario buscar un sueño diferente.

Quizás el problema se deba a tu actitud. Examina cómo abordas la vida en la brecha que existe entre la identificación de tu sueño y su realización.

¿Eres demasiado idealista? Deja de esperar a que todo sea perfecto. Acepta la forma en la cual se está desarrollando tu sueño en lugar de esperar a la perfección. Recuerda que la vida es tanto buena como mala.

¿Te desanima el tamaño de la brecha? Si tus sueños son enormes, también lo será la brecha. Cambia tus expectativas en cuanto al tiempo que tomará lograr tu sueño. Noventa por ciento de todos los desencantos provienen de expectativas poco realistas.

¿Has dejado de soñar a diario? Hay quienes empiezan a buscar su sueño y creen que eso significa que es necesario que sólo se ocupen en ello. No es así. Permítete soñar un poco cada día, explora las posibilidades, acepta las alternativas, sé creativo. Continuar soñando te ayuda a avanzar.

¿Estás apreciando los pequeños pasos hacia delante? Una forma de sentir satisfacción durante el viaje es celebrar tus éxitos. Reconoce cuando pasas algún hito. Si te das crédito por tus avances, eso te alentará a seguir trabajando y seguir avanzando.

¿Has hecho del descubrimiento y crecimiento personal tus metas? La forma más segura de alcanzar un sueño es engrandecerte. Cuanto más grande sea el sueño, tanto más grande tendrá que ser la persona que lo logre. ¿Qué puedes aprender de ti mismo en tu situación actual? ¿Cómo puedes crecer? Nunca olvides que la recompensa más grande de buscar un sueño es la persona en la que te conviertes como resultado de ello.

CAPÍTULO 10

La pregunta de la trascendencia:
¿Se benefician otros con mi sueño?

*Si un hombre, por las razones que fueran, tiene la
oportunidad de vivir una vida extraordinaria, no
tiene derecho alguno de guardársela para sí.*

—JACQUES-YVES COUSTEAU

Tienes que hacerte una pregunta final si realmente quieres poner
tu sueño a prueba, para evaluar si vale la pena dedicar tu vida a tu
sueño. No es una pregunta complicada. De hecho, hallarás que este
es el capítulo más breve del libro. Sin embargo, esta pregunta tiene
el impacto de mayor alcance. Es la pregunta de la trascendencia: ¿Se
benefician otros con mi sueño?

¿QUIÉNES SE BENEFICIARÁN CON TU SUEÑO?

En un librero de mi oficina hay un grupo de libros muy valiosos
para mí. No son los libros más antiguos que poseo, ni tampoco los

más valiosos. Tengo algo de coleccionista, y sí poseo algunos libros valiosos: mi colección de novelas de Horatio Alger y algunos volúmenes originales escritos por el líder eclesiástico del siglo diecisiete John Wesley. Pero no, los libros de este librero en particular no tienen mayor valor monetario, mas sí son de gran valor personal. Son los que tuvieron el impacto más grande en mi vida. Cada uno representa una fase diferente de ella y fue clave en ayudarme a avanzar en el viaje de la vida. Con frecuencia retorno a esta pequeña sección de libros, saco uno y leo las notas que escribí en sus márgenes o su forro y doy gracias por la manera en la cual los pensamientos del autor influyeron y ayudaron a mi desarrollo como persona.

Mientras trabajaba en escribir *¡Vive tu sueño!*, el libro que saqué del librero fue *Medio tiempo*, por Bob Buford. Su subtítulo captura la esencia del libro. Dice: «Cambiando tu plan de ataque del éxito al significado». Es un libro que influyó en mí grandemente cuando tenía cuarenta y tantos años de edad.

«La primera mitad de la vida», escribe Buford, «tiene que ver con obtener y aumentar, aprender y ganar. La segunda mitad es más riesgosa porque tiene que ver con vivir más allá de lo inmediato». Esas palabras definitivamente me desafiaron. Me hicieron pensar en vivir más allá de mí mismo y luchar por ser mayor que mi egoísmo natural.

> *«La primera mitad de la vida tiene que ver con obtener y aumentar, aprender y ganar. La segunda mitad es más riesgosa porque tiene que ver con vivir más allá de lo inmediato».*
>
> —Bob Buford

Los grandes hombres y mujeres de la historia no fueron grandes por el dinero que ganaron ni por sus posesiones. Fueron grandes porque se entregaron a sí mismos por otros y por causas que vivieron más allá que ellos. Su sueño fue hacer algo que beneficiara a los demás. Una minoría escasa de personas es capaz de mantenerse cercana a su sueño para marcar una diferencia y está dispuesta a entregarlo todo por convertirlo en realidad. De este tipo de personas, nunca se dirá cuando hayan muerto que fue como si nunca hubieran vivido. Su sueño perdura más allá de ellos porque vivieron para los demás. Fueron capaces de responder afirmativamente a la pregunta de la trascendencia: ¿Se benefician otros con mi sueño?

TALENTO ASOMBROSO

Una de las historias más asombrosas que jamás he leído de un individuo que hizo la transición de ambiciones increíblemente egoístas a sueños excepcionalmente desinteresados es la de William Wilberforce, nombre que era desconocido para muchos hasta que se lanzó la película *Amazing Grace* [Sublime gracia]. El sueño que cautivó a Wilberforce fue la abolición de la esclavitud, y terminó dedicando su vida a ello.

Wilberforce nació en Inglaterra en 1759, cuando el comercio británico de esclavos estaba en su apogeo y una gran parte de la economía de Gran Bretaña dependía de ello. Su padre murió cuando era niño y pasó parte de su juventud con unos tíos religiosos. Fue en casa de ellos, cuando probablemente tenía diez años de edad que por primera vez supo lo que era la esclavitud. Allí conoció a John Newton, antiguo capitán de una nave traficante de esclavos que se había arrepentido de su vida pasada y que ahora era un sacerdote anglicano. Sin embargo, no hubo mucha evidencia de que tal encuentro dejara una impresión duradera en Wilberforce sino hasta varios años después.

Wilberforce tuvo una niñez privilegiada y de riquezas. Asistió a Cambridge, pero no sobresalió académicamente. Era más conocido por su atractivo, su ingenio y su capacidad de entretener amigos. Mientras otros estudiaban, él festejaba e intercambiaba ocurrencias con otros estudiantes. Podría decirse que desaprovechó el tiempo; algo que le pesaría posteriormente.

Por ser una persona con una cantidad inmensa de talento natural, a los veinte años de edad se le metió en la cabeza la idea de lanzarse para ser elegido a la Cámara de los Comunes. En aquellos días, el éxito en la política dependía de dos cosas: habilidad retórica y riqueza. Wilberforce tenía abundancia de estas dos cosas. En cuestión de meses, gastó £9000, una cifra inmensa, para promover su candidatura. Dos semanas después de su vigésimo primer cumpleaños, fue elegido al Parlamento por haber ganado el mismo número de votos que la suma de los que obtuvieron sus dos oponentes.

Wilberforce fue bien recibido de inmediato y gozó de popularidad en los círculos políticos de Londres. Rápidamente fue admitido en cinco clubes frecuentados por los miembros del Parlamento, en donde cenaban y jugaban juegos de azar. Aunque era de pequeña estatura, causó una impresión grande. Su habilidad para tratar con la gente era insuperable, poseía una voz excelente para cantar, y se le conocía por usarla para entretener a sus amigos. Algunos le llamaron «el hombre más genial de toda Inglaterra».[1] Además era un orador de primera, cuya voz cautivaba a los oyentes. Unos cuantos años después de haber estado en el Parlamento, pocos podían igualar sus facultades retóricas. El biógrafo Eric Metaxas observa que a los veinticuatro años de edad «parecía incontenible. Con su elocuencia extraordinaria, su brillantez intelectual y encanto, y con el primer ministro [William Pitt] como amigo cercano, parecía no haber límite a la vista hacia su ascenso».[2]

¿Pero hasta dónde más podría ascender? Aparte de entrar al Parlamento y tener éxito allí, lo cual sería meta difícil para cualquier otro, carecía de sueños. Era ambicioso y talentoso, pero carecía de dirección. Años después, Wilberforce observó: «Durante mis primeros años en el Parlamento no hice nada, nada que cumpliera propósito alguno. Distinguirme era mi único objetivo apreciado».[3] Corría el peligro genuino de desperdiciar su vida.

SUEÑO ASOMBROSO

Todo eso empezó a cambiar en 1784 cuando Wilberforce empezó a explorar la fe religiosa de su juventud. Durante el proceso, experimentó lo que él describiría luego como el «gran cambio». Eso le marcó de modo permanente. Dos años después era una persona diferente, y esos cambios dieron origen a sueños mucho mayores que sus deseos triviales. Él deseaba ayudar a los pobres de Inglaterra y tratar con los muchos problemas sociales que aquejaban a la nación: el alcoholismo epidémico, la prostitución infantil, la falta de educación para los pobres, el crimen, las ejecuciones públicas brutales y la crueldad hacia los animales. Se dedicó de inmediato a esa obra. Pero otra obra importante se convertiría en su sueño unos cuantos años después: la abolición de la esclavitud.

Se dice que la práctica de la esclavitud es tan antigua como lo es la humanidad, y los manuscritos literarios y legales más antiguos del mundo tienden a apoyar ese punto de vista. Sin embargo, durante los siglos XVI y XVII, se empezó a practicar una versión particularmente brutal en el Hemisferio Occidental, e Inglaterra estaba en el centro de esto. Las naves de esclavos partían de las costas de Gran Bretaña llevando mercancías a África. Al llegar allá, descargaban sus mercancías para venderlas y navegaban recorriendo las costas, comprando individuos de los mercaderes de esclavos africanos que se ganaban la vida secuestrando a hombres, mujeres y niños para venderlos como esclavos. Una vez que las bodegas de sus naves quedaban abarrotadas de personas sujetas con cadenas y grilletes, los capitanes se embarcaban en el largo y brutalmente doloroso viaje cruzando el Océano Atlántico hacia las Indias Occidentales, donde aquellos esclavos africanos eran vendidos. A la mayoría de ellos literalmente los mataban trabajando en cuestión de pocos años en las plantaciones de azúcar, otros serían vendidos en las colonias americanas de lo que llegaría a ser Estados Unidos.

En la década de 1780, la mayoría de las personas en Inglaterra desconocía por completo esta cadena continua de eventos. Cuando Wilberforce se informó bien de lo que estaba sucediendo, determinó dedicarse a acabar con el tráfico de esclavos británico. Vio esto como su obligación y como una parte principal del propósito de su existencia. Wilberforce observó: «Es extraño que la mayoría de los hombres más generosos y religiosos no vea que sus obligaciones aumentan con su fortuna y que serán castigados por gastarla [en sí mismos]».[4]

Empezando en 1787, Wilberforce inició su campaña. Creía que si los miembros del Parlamento llegaban a conocer las atrocidades de la esclavitud, votarían de inmediato por abolirla. Él y otros proponentes de la abolición obtuvieron una cantidad abrumadora de evidencia de la brutalidad del tráfico de esclavos en cada una de sus etapas y la presentaron al Parlamento. En su primer discurso sobre el tema, Wilberforce dijo:

> Tanta miseria condensada en un espacio tan pequeño es más de lo que la imaginación humana jamás hubiera concebido... Tan enorme, tan terrible, tan irremediable parece su maldad que mi sentir se pronunció completamente a favor de la abolición. Un negocio fundado en iniquidad y desarrollado en la manera en la que este se desarrolla debe ser abolido, sea cual fuere el precio de ello, sean cuales fueren las consecuencias de ello. Desde este momento he determinado que no descansaré hasta haber logrado su abolición.[5]

A pesar de la elocuencia de Wilberforce y de la evidencia abrumadora que presentó en contra de la esclavitud, no pudo obtener los votos necesarios para abolirla.

El año siguiente, Wilberforce y sus amigos pusieron en conocimiento a todos en la nación de los males de la esclavitud. Los poetas publicaban versos al respecto. Grabados de cómo los hombres, mujeres y niños eran apilados en las bodegas de las naves de esclavos se colocaron en los escaparates de negocios y se colgaron en las paredes de las tabernas de toda Inglaterra. Se cantaron canciones contra la esclavitud. Se publicaron ensayos. Josiah Wedgewood creó un broche con la imagen de un esclavo encadenado y una inscripción que decía: «¿No soy también hombre y hermano?» La opinión pública en contra de la esclavitud era fuerte, pero aun así no lograron obtener votos suficientes para eliminarla.

Por veinte años, Wilberforce luchó contra la esclavitud. Desde 1787 hasta 1807, once veces se presentaron propuestas de ley al Parlamento para abolir el tráfico de esclavos, y cada vez fue derrotada la iniciativa. Wilberforce podría haberse dado por vencido de no haber sido por el aliento de otros que sabían que estaba tratando de hacer lo correcto. Uno de ellos fue el predicador John Wesley. A los ochenta y siete años de edad, escribió la última carta antes de su muerte y la envió a Wilberforce. Decía:

Estimado señor:

A menos que el poder divino le haya elevado a ser como *Athanasius contra mundum* [un hombre contra el mundo], no veo cómo puede ser posible que siga con su gloriosa empresa de oponerse contra aquella villanía execrable que es el escándalo de la religión, de Inglaterra y de la naturaleza humana. A menos que Dios le haya levantado para este preciso propósito, le desgastará la oposición de los hombres y los demonios. Mas si Dios es por usted, ¿quién será contra usted? ¿Serán todos ellos juntos más fuertes que Dios? ¡No se canse de hacer el bien! Prosiga, en el nombre de Dios y en el poder de su fuerza, hasta que aún la esclavitud en América (la más vil jamás vista bajo el sol) desaparezca.

Esta mañana al leer un tratado redactado por un africano pobre, me llamó la atención de modo particular la circunstancia de que un hombre de piel negra, siendo agraviado y ultrajado por un hombre blanco, carezca de compensación, ya que hay una «ley» en nuestras colonias que dice que el juramento de un hombre negro contra uno blanco no tiene peso alguno. ¿Qué clase de vileza es esta?

Que el que le ha guiado desde su juventud continúe fortaleciéndole en esta y en todas las cosas, estimado señor, es la oración de,

Vuestro servidor,

John Wesley[6]

Wilberforce perseveró porque sabía lo que estaba en juego: las vidas de millones de individuos. Finalmente, el 23 de febrero de 1807, después de haber sido presentada y aprobada por la Cámara de Lores, la Ley del Comercio de Esclavos, que prohibía el tráfico de esclavos, fue aprobada en la Cámara de los Comunes por un margen de 283 votos contra 16. La primera etapa del sueño de Wilberforce se había hecho realidad. Y aunque le tomó veintiséis años más, y para entonces Wilberforce le había pasado la batuta a otra persona en el Parlamento, la segunda fase de su sueño se hizo realidad en 1833, cuando la Cámara de los Comunes votó para prohibir la práctica de la esclavitud en todo el Imperio Británico. Tres días después, Wilberforce murió.

IMPACTO ASOMBROSO

Resulta difícil medir el impacto que la realización del sueño de Wilberforce ha tenido en el mundo. Es evidente que ayudó a una cantidad innumerable de individuos que de otro modo habrían sido vendidos como esclavos. Sin embargo, el escritor Eric Metaxas argumenta que el impacto de la abolición de la esclavitud ha tenido implicaciones aun mayores. Escribe que tan pronto como Wilberforce logró el éxito:

Repentinamente entramos en un mundo en el cual nunca más nos preguntaríamos si era nuestra responsabilidad como sociedad ayudar a los pobres y los que sufren. Sólo discutiríamos sobre cómo hacerlo... Una vez que esta idea fue desatada sobre el mundo, el mundo cambió. La esclavitud y el comercio de esclavos pronto quedarían mayormente abolidos, pero muchos otros males sociales menores también serían abolidos. Por primera vez en la historia, surgieron grupos buscando resolver toda causa social posible.[7]

Por ello, Metaxas describe a Wilberforce como «el reformador social más grande en la historia del mundo». Metaxas continúa diciendo: «El mundo en el cual nació en 1759 y el mundo del cual salió en 1833 eran tan diferentes como el plomo lo es del oro. Wilberforce presidió un terremoto social que reacomodó los continentes y cuya magnitud apenas ahora estamos empezando a apreciar plenamente».[8]

UNA PREGUNTA RESPONDIDA EN FRASES

Creo que puede ser difícil responder a la pregunta de la trascendencia en forma definitiva en nuestros años de juventud. En las primeras etapas de la vida, frecuentemente nos ocupamos en descubrir nuestros talentos, explorar nuestras posibilidades y buscar nuestro propósito. Eso está bien; pero al acumular más años, es más saludable que nos enfoquemos hacia fuera, que imaginemos sueños que beneficien a los demás, no tan sólo a nosotros mismos. Para la mayoría de las personas, esto es un proceso, y estas son las buenas noticias: nunca es demasiado tarde para ayudar a los demás, y la mayoría de las personas hacen su contribución más significativa no cuando son jóvenes, sino cuando son mayores.

La capacidad de responder sí a la pregunta de la trascendencia, ¿se benefician otros de mi sueño?, me ha llegado por etapas. Tal vez será igual para ti. Observa cómo se desarrolló en mi vida, lo cual represento con estas tres afirmaciones:

1. QUIERO HACER ALGO TRASCENDENTE PARA MÍ MISMO

Cuando lees esa afirmación, apuesto a que piensas que es bastante egoísta, ¿verdad? Tu primera reacción podría ser distanciarte de esa idea, especialmente a la luz del tema tratado en el presente capítulo. Espero que no lo hagas, y he aquí la razón por la cual ese sentimiento no necesariamente es sólo egocéntrico.

Por ejemplo, la última vez que viajaste en avión, probablemente escuchaste a la tripulación dar instrucciones sobre qué hacer en caso de emergencia. Si la cabina del avión pierde presión y los pasajeros necesitan usar sus mascarillas de oxígeno, ¿qué se supone que hagan primero? Ponerse su propia máscara primero y *entonces* ayudar a otros. ¿Por qué? Porque es imposible ayudar a otro si no has cuidado de ti mismo.

Creo que lograr un sueño trascendente sucede únicamente cuando una persona tiene algo que ofrecer. Esto significa crear un fundamento personal desde el cual pueda trabajar y servir. En el caso de William Wilberforce, su punto de partida era ocupar una curul en el Parlamento, le era necesario ocupar un cargo en el gobierno para marcar la diferencia. Para mí, fue edificar una iglesia. Tuve que aprender sobre el liderazgo y tornarme en mejor comunicador antes de que pudiera añadirles valor a los demás. Para ti podría significar edificar una carrera u obtener educación o ganar dinero que pueda utilizarse para servir a otros. Si no has hecho nada significativo para ayudarte a ti mismo, ¿cómo podrás ayudar a otros?

> *Lograr un sueño trascendente sucede únicamente*
> *cuando una persona tiene algo que ofrecer.*

Cuando me dirijo a una audiencia de líderes, frecuentemente les hago dos preguntas importantes: (1) ¿Qué estás haciendo para invertir en ti mismo? y (2) ¿Qué estás haciendo para invertir en otros? A menos que un individuo invierta en sí mismo, le resulta muy difícil invertir en otros. No puedes dar a otro lo que tú mismo no posees.

> *¿Qué estás haciendo para invertir en ti mismo y*
> *qué estás haciendo para invertir en otros?*

2. QUIERO HACER ALGO TRASCENDENTE PARA OTROS

Con frecuencia al iniciar nuestras vidas nos asemejamos a William Wilberforce. Somos ambiciosos, nuestra meta es salir adelante. Queremos lograr cosas para nuestro propio beneficio. Soichiro Honda, fundador de motocicletas Honda, dijo que su visión inicial no tenía que ver con crear una empresa grande ni lograr otras metas sublimes. Admitió: «Se me ocurrió ponerle un motor a una bicicleta sencillamente porque no quería viajar en los trenes y autobuses abarrotados de gente». Pero llega el momento en la vida de todas las personas de éxito en el cual tienen que tomar una decisión. ¿Escalarán la montaña del éxito para sí mismos, o la escalarán para poder extender la mano y levantar a otros consigo?

Reconozcámoslo: el éxito puede hacer que la gente se torne egoísta. Si aprovechas tu talento natural al máximo y trabajas duro, puedes volverte una persona calculadora que siempre pregunta: «¿Qué puedo sacarle a los demás?» Es mucho mejor convertirse en un soñador que pregunta: «¿Qué puedo darle a los demás?»

Si respondes sí a la pregunta de la trascendencia y tu sueño beneficiará a los demás, entonces estás en el rumbo correcto. Eso no significa que tienes que salvar a todo el mundo. Debes empezar con poco y dar lo mejor de ti. Recientemente leí un libro titulado *Mother Teresa—Come Be My Light: The Private Writings of the Saint of Calcutta* [Madre Teresa —Ven Sé Mi Luz: Los escritos privados de la «Santa de Calcuta»]. Contiene muchas de las cartas sinceras que la Madre Teresa escribió a sus superiores con sus opiniones privadas en cuanto a su vida y su llamado a servir a los demás. En una de las cartas, escribió sobre el éxito potencial de la organización de Misioneros de la Caridad que ella había fundado:

> Desconozco cuál será el éxito, pero si los Misioneros de la Caridad han traído gozo a un hogar infeliz, han hecho que un niño inocente de la calle se mantenga puro por Jesús, que una persona muera en paz con Dios, no cree usted, Vuestra Gracia, que valdría la pena ofrecerlo todo, por tan sólo uno, porque ese uno traería gran gozo al Corazón de Jesús.[9]

Pocas personas discutirían el impacto que la Madre Teresa tuvo durante su vida. Inspiró a millones de personas, se encontró con presidentes y reyes, y fue un modelo de servicio para el mundo. Sin embargo, como puedes ver, su sueño de ayudar a los demás empezó pequeño, con la meta de afectar a un hogar infeliz, a un niño inocente o a una persona moribunda. Ella dijo una vez: «Un día vivido sin hacer algo bueno por los demás es un día que no vale la pena vivirlo».

> *«Un día vivido sin hacer algo bueno por los demás*
> *es un día que no vale la pena vivirlo».*
> —MADRE TERESA

Nelson Mandela, otra persona cuyo sueño benefició a muchos, también creció en él. Al principio se sentía motivado por sueños de libertad para sí mismo, pero no pasó mucho tiempo para que su sueño se ampliara e incluyera a otros. Él dijo:

Lentamente llegué a ver que no sólo yo no era libre, sino que mis hermanos y hermanas tampoco lo eran. Vi que no sólo era mi libertad la que estaba reducida, sino la libertad de todos los que se veían como yo. Fue entonces que me uní al Congreso Nacional Africano, y fue entonces que el hambre por mi propia libertad se convirtió en el hambre mayor por la libertad de mi pueblo. Fue este deseo por que mi pueblo fuera libre para vivir sus vidas con dignidad y respeto que animó mi vida, que transformó a un joven temeroso en uno osado, que impulsó a un abogado respetuoso de la ley a tornarse en criminal, que convirtió a un hombre de familia en uno sin hogar, que obligó a un hombre amante de la vida a vivir como monje.

Cuando Mandela se halló en la encrucijada de la vida, con un camino que conducía a la ganancia personal y otro a servir a su pueblo, él escogió el camino más difícil y sublime de ayudar a los demás. Y mira el impacto que ha tenido.

> *«Nunca perfeccioné un invento sin pensarlo en*
> *términos de cómo beneficiaría a los demás».*
> —THOMAS EDISON

¿Alguna vez has tenido que enfrentar esa decisión? No significa que tienes que abandonar tu sueño. ¡Significa ampliarlo! Thomas Edison dijo: «Nunca perfeccioné un invento sin pensarlo en términos de cómo beneficiaría a los demás». Él no dejó de ser inventor para ayudar a otros. William Wilberforce no renunció al Parlamento para ayudar a otros, aunque en un punto de su vida lo consideró. No, cada uno de ellos utilizó lo que ya había logrado para sí mismo y lo puso en buen uso para los demás. Adoptaron una actitud de servicio hacia sus semejantes.

Con mucha frecuencia empezamos, soñamos con hacer cosas que transformen el mundo y la idea de acometerlas nos intimida. Esa precisamente es otra razón por la cual hay que empezar con poco. Si te encuentras en la segunda fase de crecimiento al responder a la pregunta de la trascendencia, no trates de ayudar a todos. ¡Sencillamente trata de ayudar a alguien! Haz eso y a su debido tiempo podrás hallarte viviendo lo que describió San Francisco de Asís cuando dijo: «Empieza haciendo lo necesario; luego haz lo posible y, repentinamente, harás lo imposible». Aun si no logras hacer cosas grandes, hallarás mucho contentamiento en hacer las cosas correctas. No hay acto de bondad que sea tan pequeño que no valga la pena hacerlo.

3. QUIERO HACER ALGO TRASCENDENTE CON OTROS

Tom Brokaw, reportero de la televisión ya jubilado, observó: «Es fácil ganarse un dólar. Es mucho más difícil marcar una diferencia». Una razón de ello es que para marcar una diferencia real se necesita de trabajo en equipo. La Madre Teresa no marcó una diferencia ella sola, ni tampoco Nelson Mandela o William Wilberforce. Sus sueños fueron grandes, y como resultado, requirieron de la participación de muchos para convertirse en realidad.

Los que buscan lograr un sueño trascendente *con otros* deben ser capaces de ayudar a que otros adopten ese mismo sueño, y cuando lo logran, resulta ser un regalo maravilloso para todos. Si tú y yo podemos compartir un sueño con los demás, eso amplía las posibilidades tanto de ellos como las nuestras.

A mis sesenta y un años de edad, al examinar el viaje de mi sueño, sonrío. Poco sabía yo cuando empecé con el deseo de añadir trascendencia a otros, ¡que eso me añadiría trascendencia a mí! Ahora lo entiendo. *No debemos* recibir nada sin dar, y *no podemos* dar nada sin recibir algo a cambio. Nuestras vidas deben ser ríos, no depósitos. Añadir valor a los demás es el método más seguro de añadir valor a nuestras propias vidas.

> *No debemos recibir nada sin dar, y no podemos*
> *dar nada sin recibir algo a cambio.*

Buscar un sueño *con* otros ha significado practicar juntos, sacrificar juntos, trabajar juntos, planificar juntos, comunicar juntos, ganar juntos y celebrar juntos. ¡Qué cosa tan maravillosa! De eso se trata la vida en comunidad. Es un grupo cuyos miembros intencionadamente hacen la transición de «la comunidad para mí» a «yo para la comunidad». Darnos a nosotros mismos por una causa que añade valor a los demás y unirnos a otros para lograr esa meta es el punto más sublime de vivir el sueño.

Hace años, la autora y conferencista Florence Littauer enseñó una lección que me transmitió esta verdad. Ella propuso la secuencia siguiente de pasos para desarrollar un sueño que responde afirmativamente a la pregunta de la trascendencia:

Atrévete a soñar — Soñar significa correr un riesgo, salir de tu entorno y situación de comodidad.

Prepara el sueño — La preparación determina el éxito. Todo anda bien si empieza bien. La preparación posibilita a tu sueño.

Viste el sueño — Póntelo. Tu sueño no es un apéndice de tu vida; es tu vida.

Repara el sueño — Se necesita mantenimiento continuo para mantener el sueño en marcha. Los sueños constantemente necesitan cuidado tierno y amoroso.

Comparte el sueño — Pásalo a los demás. Permíteles poseerlo y luego cumplan juntos el sueño.

No vale la pena invertir la vida en un sueño que no beneficia a otros, y no es satisfactorio a menos que se logre con ellos. Por eso estamos aquí: para ayudar a los demás. Como lo afirmó Woodrow Wilson: «No estás aquí meramente para ganarte la vida. Estás aquí para posibilitarle al mundo que viva más ampliamente, con mayor visión, con un espíritu más fino de esperanza y logro. Estás aquí para enriquecer al mundo, y te empobreces a ti mismo si olvidas el encargo».

¿CÓMO RESPONDES A LA PREGUNTA DE LA TRASCENDENCIA?

Una antigua bendición del Medio Oriente dice: «Cuando naciste, lloraste y el mundo se regocijó. Que vivas tu vida de modo tal que cuando mueras, el mundo llore y tú te regocijes». Que esa bendición se cumpla en nuestras vidas depende en gran parte de nuestra respuesta a la pregunta de la trascendencia.

En el principio de este capítulo, mencioné el libro *Medio tiempo*. En él, Bob Buford pregunta: «Mientras laboras para lograr tu sueño, ¿qué diferencia marcarán cincuenta, cien o quinientos años en el futuro?» Los sueños de las personas que mencioné en este capítulo continúan teniendo impacto. Hace más de 175 años de la muerte de Wilberforce, y el impacto de su sueño se sigue sintiendo. Si tu sueño no beneficia a otros, entonces no tendrá importancia ni cinco minutos después de tu partida.

¿En dónde has puesto la mira de tus sueños? ¿Estás luchando por sobrevivir? ¿Estás buscando el éxito? ¿O estás luchando por la trascendencia? ¡La decisión es realmente tuya! ¿A qué tipo de sueño entregarás tu vida? Probablemente has oído la expresión: «¡Qué diferencia marca un solo día!» Todos sabemos que es cierto. Un nacimiento, una muerte, un matrimonio, una oportunidad, una tragedia: cada una de estas cosas puede cambiar una vida en un solo día. Pero también se puede decir: «¡Qué diferencia marca un sueño!» Alguien con un sueño trascendente puede tornarse en un catalizador de cambio en nuestro mundo. Si puedes responder afirmativamente a la pregunta de la trascendencia, ni tú ni los demás permanecerán iguales. ¡Qué sueño más maravilloso!

¿PUEDES RESPONDER AFIRMATIVAMEN-
TE A LA PREGUNTA DE LA TRASCENDENCIA:
SE BENEFICIAN OTROS CON MI SUEÑO?

¿En qué etapa de la vida te encuentras?

¿Estás apenas sobreviviendo? Si tal es el caso, es hora de dar un paso hacia el éxito. No puedes dar lo que no tienes. Echa un fundamento y crea una plataforma para dar a los demás al hacer algo trascendente para ti mismo. Si aun no estás buscando tu sueño, ¡ponte en marcha!

¿Ya estás logrando el éxito? Si es así, tal vez te encuentres en la encrucijada en la que deberás decidir si vivirás para ti mismo o para los demás. ¿Cómo puedes ampliar tu sueño para incluir a otros y ayudarles a beneficiarse de lo que ya has logrado?

¿Estás esforzándote por lograr la trascendencia? En tal caso, es hora de llevar tu contribución al siguiente nivel. Uno es demasiado pequeño para lograr la grandeza. Sueña en grande e incluye a otros en tu sueño, guíalos a unirse a ti en el proceso. Eso te engrandecerá, los engrandecerá a ellos y beneficiará a más personas de modo mucho más significativo. ¿Cuál sientes que es tu llamado o tu destino? ¿A quién estás mejor capacitado para servir? ¿Cuál es la mejor manera en la que puedes añadir valor a otros con el tiempo de vida que tienes?

Mirando hacia atrás...
Mirando hacia delante

En 1969 empecé a soñar con marcar una diferencia en las vidas de otros. Después de diez años de seguir esa visión, me pregunté si estaba lográndolo. Para sorpresa mía, lo primero que descubrí es que mi sueño de ayudar a otros ¡me había ayudado a mí!

Ahora, mirando hacia atrás, veo que así siempre fue mi caso. Estas son las razones:

- Mi sueño me ayudó a enfocarme. Cada vez que me sentí tentado de alejarme de mi propósito, él me mantuvo en el rumbo correcto.
- Mi sueño me ayudó a ensancharme. A menudo quería quedarme en mi zona de comodidad, pero mi sueño siempre me propulsó fuera de ella y me desafió a seguir creciendo.
- Mi sueño me ayudó a sacrificar: Cuando el precio del éxito

237

resultó ser alto, mi sueño me alentó a pagarlo, recordándome que no hay atajos al éxito.

◈ Mi sueño me ayudó a perseverar. Cuando pensé en él, darme por vencido no era una alternativa. Nadie llegó al destino de sus sueños deteniéndose, pues ellos no vienen a nosotros; nosotros tenemos que avanzar hacia ellos.

◈ Mi sueño me ayudó a atraer a ganadores. El tamaño de mi sueño determinó el tamaño de las personas atraídas por él. Los sueños pequeños atraen a personas pequeñas. Los grandes atraen a personas grandes.

◈ Mi sueño me ayudó a depender de Dios y de los demás. Era demasiado grande para mí. Necesitaba de la ayuda de Dios y de la ayuda de los demás. Me ayudaron, ¡y todos salimos ganando!

Tu sueño puede hacer lo mismo por ti, pero sólo si lo pones a prueba y eres capaz de responder afirmativamente a las preguntas propuestas en este libro.

Como habrás observado, en cada capítulo he contado la historia de alguien cuyo viaje resaltaba la pregunta particular que deseaba enseñar. Espero que esas historias te hayan parecido útiles. Sin embargo, lo cierto es que podría haber utilizado el ejemplo de cualquiera de esas personas para ilustrar cualquiera de los capítulos de este libro. ¿Por qué digo eso? Porque si se los preguntaras, cada uno de ellos respondería sí a las diez preguntas de este libro. Mira las preguntas nuevamente:

1. La pregunta de la posesión: ¿Es este sueño realmente mi sueño?

2. La pregunta de la claridad: ¿Puedo ver mi sueño claramente?

3. La pregunta de la realidad: ¿Estoy dependiendo de factores bajo mi control para lograr mi sueño?

4. La pregunta de la pasión: ¿Me impulsa mi sueño a seguirlo?

5. La pregunta del camino: ¿Tengo una estrategia para alcanzar mi sueño?

6. La pregunta del personal: ¿He incluido a las personas que necesito para convertir mi sueño en realidad?

7. La pregunta del costo: ¿Estoy dispuesto a pagar el precio de mi sueño?

8. La pregunta de la tenacidad: ¿Me estoy acercando a mi sueño?

9. La pregunta de la satisfacción: ¿Me trae satisfacción trabajar para cumplir mi sueño?

10. La pregunta de la trascendencia: ¿Se benefician otros con mi sueño?

Cada uno de ellos poseyó su sueño, cada uno lo vio con claridad. Todos dependieron de sus propias habilidades, talento, trabajo duro y otros factores dentro de su control para buscarlo. Todos estuvieron llenos de una pasión que les inspiraba a seguirlo. Cada uno desarrolló una estrategia para lograrlo. Recibieron la ayuda de otros, pagaron el precio por avanzar, fueron tenaces en sus esfuerzos y hallaron satisfacción en la labor de ver que su sueño se convirtiera en realidad. Y en el camino, todos hicieron esfuerzos por beneficiar a otros, y no tan solo a sí mismos.

Menciono eso porque quiero recordarte que si deseas vivir tu sueño, no puedes darte el lujo de responder sí a apenas una o dos de esas preguntas. Cuantas más respuestas afirmativas tengas, mayores serán las probabilidades de que lo alcances. Esa es una cosa buena, porque cuando lo consigues, el mundo se convierte en un lugar mejor.

NOTAS

Introducción

1. Gary Hamel y C. K. Prahalad, *Competing for the Future* (Boston: Harvard Business School Books, 1996), pp. 55-56 [*Compitiendo por el futuro* (Barcelona: Ariel, 1998)].

2. Karen Lynn Eve Greno-Malsch, "Children's Use of Interpersonal Negotiation Strategies as a Function of Their Level of Self-worth" (Tesis de PhD, Universidad de Wisconsin, Milwaukee, 1998).

Capítulo 1

1. Zondervan, 1971.

2. Arnold Schwarzenegger y Douglas Kent Hall, *Arnold: The Education of a Bodybuilder* (Nueva York: Simon and Schuster Paperbacks, 1977), p. 14.

3. Laurence Leamer, *Fantastic: The Life of Arnold Schwarzenegger* (Nueva York: St. Martin's Paperbacks, 2005), p. 25.

4. Schwarzenegger y Hall, *Arnold*, p. 33.

5. Ibid., pp. 16–17.

6. Ibid., pp. 81–82.

7. Leamer, *Fantastic*, p. 66.

8. "Arnold Schwarzenegger", Box Office Mojo, http://www.boxofficemojo.com/people/chart/?id=arnoldschwarzenegger.htm (visitado 4 enero 2008).

9. Mark Matthews, "Gov. Schwarzenegger's Tax Returns Released", 15 abril 2006, http://abclocal.go.com/kgo/story?section=politics&id=4085877 (visitado 4 enero 2008).

10. Schwarzenegger y Hall, *Arnold*, p. 31.

11. Citado en *Liderazgo* (verano 1993): p. 60, http://www.sermonillustrations. com/a-z/s/self_worth.htm (visitado 16 julio 2008).

12. Po Bronson, *What Should I Do with My Life?* (Nueva York: Random House, 2002) [*¿Qué debo hacer con mi vida?* Norma, 2004)].

13. *Vox Diccionario de Uso del Español de América y España* (McGraw-Hill, 2004).

14. Robert Kriegel y Louis Patler, *If It Ain't Broke ... Break It* (Nueva York: Warner Books, 1991), p. 44 [*Si no está roto rómpalo* (Barcelona: Gestión 2000, 2001)].

Capítulo 2

1. *Mental Floss*, marzo-abril 2007, p. 45.

2. "Diamond Jewelry: Famous Diamonds: The Star of South Africa", http://www.adiamondisforever.com/jewelry/famous_starsa.html (visitado 24 enero 2008).

3. "De Beers History", http://www.debeersgroup.com/debeersweb/ About+De+Beers/De+Beers+History/ (visitado 24 enero 2008).

Capítulo 3

1. John Wooden and Steve Jamison, *The Essential Wooden* (Nueva York: McGraw-Hill, 2007), p. 24.

2. Jack Canfield y Gay Hendricks con Carol Kline, *You've Got to Read This Book!*, Kindle Edition (Nueva York: Harper Collins e-books, 2006), líneas 1642–52.

3. "Timeline", http://www.drfarrahgray.com/timeline.html (visitado 31 enero 2008).

4. "Michael Jordan: The Stats", http://www.infoplease.com/ipsa/A0779388. html (visitado 25 febrero 2008).

Capítulo 4

1. Michael John Simmons, *Taylor Guitars: 30 Years of a New American Classic* (Bergkirchen, Germany: PPV Medien, 2003), p. 13.

2. Ibid., p. 33.

3. Ibid., p. 36.

4. Ibid., p. 56.

5. Ibid., p. 58.
6. Ibid., p. 138.
7. Ibid., p. 154.
8. Ibid., p. 191.
9. Ibid., p. 21.
10. James Kouzes y Barry Posner, *The Leadership Challenge* (San Francisco: John Wiley and Sons, 2007), p. 351 [*El desafío del liderazgo* (México: Granica, 2005)].
11. Ibid., p. 33.

Capítulo 5

1. "About Nicholas Negroponte, the Author of Being Digital", http://archives. obs-us.com/obs/english/books/nn/nnbio.htm (visitado 12 febrero 2008).
2. "Mission: Provide Children Around the World with New Opportunities to Explore", http://www.laptop.org/en/vision/mission/index.shtml (visitado 7 febrero 2008).
3. Peter Apps, "World's Poorest Don't Want '$100 Laptop'—Intel", http://web. archive.org/web/20051212065117/http://www.alertnet.org/thenews/ newsdesk/SP263515.htm, 9 diciembre 2005 (visitado 11 febrero 2008).
4. Wade Roush, "Nicholas Negroponte: The Interview", Xconomy, 28 enero 2008, http://www.xconomy.com/2008/01/28/nicholas-negroponte-the-interview/ (visitado 7 febrero 2008).
5. Robert Buderi, "The Little Laptop That Could ... One Way or Another", Xconomy, 26 noviembre 2007, http://www.xconomy.com/2007/11/26/ the-little-laptop-that-couldone-way-or-another/2/ (visitado 11 febrero 2008).
6. Hiawatha Bray, "One Laptop Per Child Orders Surge", *Boston Globe,* 1 diciembre 2007, http://www.boston.com/business/globe/articles/2007/ 12/01/one_laptop_per_child_orders_surge/ (visitado 13 febrero 2008).
7. Obtenido de ThinkTQ.com; hallazgos estadísticos más recientes en la página http://www.thinktq.com/training/articles/tqs_article.cfm?id=1364A81D073 DBABF7C59DCFA476B864B indican que los porcentajes actuales son aun más bajos que los dados el 14 febrero 2008.
8. Peter F. Drucker, *Management: Tasks, Responsibilities, Practices* (Nueva York: HarperCollins, 1974), pp. 124-125.
9. Proverbios 27.12.

Chapter 6

1. John Ruskin, *Modern Painters Volume III* (Elibron Classics, 2005), p. 278.
2. John Wooden y Steve Jamison, *The Essential Wooden* (Nueva York: McGraw-Hill, 2007), p. 143.

Capítulo 7

1. "The Importance of Starting Early," Investment Company Institute, http://www.ici.org/i4s/bro_i4s_early.html (visitado 7 marzo 2008). Este ejemplo presume una tasa de rendimiento de siete porciento al año y desconoce los efectos de impuestos e inflación.
2. Max Lucado, *Todavía remueve piedras* (Nashville: Grupo Nelson®, 1994), cap. 17.
3. *Houston Chronicle*, 3 mayo 1996, p. 2D.
4. Jack Canfield con Janet Switzer, *The Success Principles: How to Get from Where You Are to Where You Want to Be* (Collins Living, 2006), p. 70 [*Los principios del éxito: Como llegar de dónde está a dónde quiere ir* (Nueva York: Rayo, 2005)].
5. David Mamet, ponencia a los egresados de la Universidad de Vermont, 28 mayo 2004, http://www.uvm.edu/~cmncmnt/commencement2004/?Page=mamet_commencementspeech04.html (visitado 24 julio 2008).
6. "About Terry Fox", Terry Fox Run, http://www.terryfoxrun.org/english/about%20terry%20fox/default.asp?s=1 (visitado 11 marzo 2008).
7. "Top Ten Greatest Canadians: Terry Fox", The Greatest Canadian, http://www.cbc.ca/greatest/top_ten/nominee/fox-terry.html (visitado 11 marzo 2008).
8. Ibid.
9. Ibid.
10. "About Terry Fox", Terry Fox Run.

Capítulo 8

1. Elizabeth Keckley, *Behind the Scenes: Or, Thirty Years a Slave, and Four Years in the White House* (Nueva York: Penguin, 2005), pp. 11–12 [*Treinta años de esclavitud y cuatro en la Casa Blanca: Entre bastidores* (Valencia, España: Ellago, 2008)].

2. Jennifer Fleischner, *Mrs. Lincoln and Mrs. Keckly: The Remarkable Story of the Friendship Between a First Lady and a Former Slave* (Nueva York: Broadway, 2004), p. 124.

3. Ibid.

4. Keckley, *Behind the Scenes,* p. 20.

5. Ibid.

6. Ibid., p. 21.

7. Ibid., p. 24.

8. Ibid., p. 34.

9. Ibid., p. 83.

10. Fleischner, *Lincoln and Keckly,* p. 294.

11. Ibid., p. 297.

12. "Interview: Jonas Salk, Developer of Polio Vaccine", 16 mayo 1991, Academy of Achievement, http://www.achievement.org/autodoc/printmember/sal0 int-1 (visitado 24 Julio 2008).

13. George Sweeting, *Great Quotes and Illustrations* (Waco: Word, 1985).

14. "The History of Chicken Soup for the Soul", http://www.chickensoup.com/ cs.asp?cid=about (visitado 17 marzo 2008).

Capítulo 9

1. Seth Godin, *The Dip,* Kindle Edition (Nueva York: Penguin, 2007), líneas 787–91 [*El abismo: Un pequeño libro que le enseñará cuando renunciar y cuando perseverar* (Bogotá: Norma, 2008)].

2. "Forbes' List of the World's Richest Billionaires", 8 marzo 2007, http:// www.usatoday.com/money/2007-03-08-forbes-billionaire-list_N.htm (visitado 18 marzo 2008).

3. Patrick James, "GOOD Q&A: Jacqueline Novogratz", 27 noviembre 2007, http://www.goodmagazine.com/blog/acumen (visitado 17 marzo 2008).

4. Ibid.

5. Anne Field, "Investor in the World's Poor", Stanford Graduate School of Business, mayo 2007, http://www.gsb.stanford.edu/news/bmag/sbsm 0705/feature_novogratz.html (visitado 17 marzo 2008).

6. Jacqueline Novogratz, "Tackling Poverty with 'Patient Capital'", junio 2007, http://www.ted.com/talks/view/id/157 (visitado 18 marzo 2008).

7. *The Next Garde,* video, http://www.sundancechannel.com/nextgarde/ (visitado 18 marzo 2008).
8. "About Us", Acumen Fund, http://www.acumenfund.org/about-us.html (visitado 17 marzo 2008).
9. "Acumen Fund Honored with Social Capitalist Award by Fast Company & Monitor Group", PR Web Press Release Newswire, http://www.prweb.com/releases/2007/12/prweb573845.htm (visitado 17 marzo 2008).
10. *The Next Garde.*
11. Dan Sullivan, "The Gap", mensaje audio. (The strategic coach, inc., 2000)
12. John Steinbeck, *Journal of a Novel: The* East of Eden *Letters* (Londres: Penguin, 2001), pp. 74–75.
13. John Wooden y Steve Jamison, *The Essential Wooden: A Lifetime of Lessons on Leaders and Leadership* (Nueva York: McGraw-Hill, 2007), pp. 184–85.
14. Nelson Mandela, *Long Walk to Freedome: The Autobiography of Nelson Mandela* (Nueva York: Back Bay Books, 1995), p. 625 [*El largo camino hacia la libertad* (Madrid: Punto de Lectura, 2004)].

Capítulo 10

1. Eric Metaxas, *Amazing Grace: William Wilberforce and the Heroic Campaign to End Slavery* (Nueva York: Harper One, 2007), p. 28.
2. Ibid., p. 42.
3. John Piper, *Amazing Grace in the Life of William Wilberforce* (Wheaton, IL: Crossway, 2006), p. 10 [*Maravillosa gracia en la vida de William Wilberforce* (Miami: Unilit, 2007)].
4. Metaxas, *Amazing Grace*, p. 49.
5. Ibid., p. 133.
6. "Wilberforce and Wesley," Religion and Ethics: Christianity, http://www.bbc.co.uk/religion/religions/christianity/people/williamwilberforce_7.shtml (visitado 21 marzo 2008).
7. Metaxas, *Amazing Grace*, p. xvi.
8. Ibid., p. xvii.
9. Brian Kolodiejchuk, *Mother Teresa—Come Be My Light: The Private Writings of the Saint of Calcutta* (Nueva York: Doubleday, 2007) [*Ven Sé Mi Luz: Las Cartas Privadas de la "Santa de Calcuta"* (Barcelona: Planeta, 2008)].